HMH DIMENSIONES DE LAS CIENCIAS™

Kindergarten

Este libro del estudiante para escribir pertenece a

MANNY

Maestro/Salón

Mrs Velis

Houghton Mifflin Harcourt

Autores de consulta

Michael A. DiSpezio
Global Educator
North Falmouth, Massachusetts

Marjorie Frank
*Science Writer and Content-Area
  Reading Specialist*
Brooklyn, New York

Michael R. Heithaus, PhD
*Dean, College of Arts, Sciences & Education
Professor, Department of Biological Sciences*
Florida International University
Miami, Florida

Cary Sneider, PhD
Associate Research Professor
Portland State University
Portland, Oregon

All images ©Houghton Mifflin Harcourt, Inc., unless otherwise noted

Front cover: ©HMH

Back cover: *wind socks* ©takenobu/Getty Images

Copyright © 2018 by Houghton Mifflin Harcourt Publishing Company

All rights reserved. No part of this work may be reproduced or transmitted in any form or by any means, electronic or mechanical, including photocopying or recording, or by any information storage and retrieval system, without the prior written permission of the copyright owner unless such copying is expressly permitted by federal copyright law. Requests for permission to make copies of any part of the work should be submitted through our Permissions website at https://customercare.hmhco.com/permission/Permissions.html or mailed to Houghton Mifflin Harcourt Publishing Company, Attn: Intellectual Property Licensing, 9400 Southpark Center Loop, Orlando, Florida 32819-8647.

Printed in the U.S.A.

ISBN 978-0-544-73402-9

2 3 4 5 6 7 8 9   0877   27 26 25 24 23 22

4500843695   B C D E F

If you have received these materials as examination copies free of charge, Houghton Mifflin Harcourt Publishing Company retains title to the materials and they may not be resold. Resale of examination copies is strictly prohibited.

Possession of this publication in print format does not entitle users to convert this publication, or any portion of it, into electronic format.

Consultores del programa

Paul D. Asimow, PhD
Eleanor and John R. McMillan Professor of Geology and Geochemistry
California Institute of Technology
Pasadena, California

Eileen Cashman, PhD
Professor
Humboldt State University
Arcata, California

Mark B. Moldwin, PhD
Professor of Space Sciences and Engineering
University of Michigan
Ann Arbor, Michigan

Kelly Y. Neiles, PhD
Assistant Professor of Chemistry
St. Mary's College of Maryland
St. Mary's City, Maryland

Sten Odenwald, PhD
Astronomer
NASA Goddard Spaceflight Center
Greenbelt, Maryland

Bruce W. Schafer
Director of K-12 STEM Collaborations, retired
Oregon University System
Portland, Oregon

Barry A. Van Deman
President and CEO
Museum of Life and Science
Durham, North Carolina

Kim Withers, PhD
Assistant Professor
Texas A&M University-Corpus Christi
Corpus Christi, Texas

Adam D. Woods, PhD
Professor
California State University, Fullerton
Fullerton, California

Revisores docentes

Michelle Barnett
Lichen K-8 School
Citrus Heights, California

Brandi Bazarnik
Skycrest Elementary
Citrus Heights, California

Kristin Wojes-Broetzmann
Saint Anthony Parish School
Menomonee Falls, Wisconsin

Andrea Brown
District Science and STEAM Curriculum TOSA
Hacienda La Puente Unified School District
Hacienda Heights, California

Denice Gayner
Earl LeGette Elementary
Fair Oaks, California

Emily Giles
Elementary Curriculum Consultant
Kenton County School District
Ft. Wright, Kentucky

Crystal Hintzman
Director of Curriculum, Instruction and Assessment
School District of Superior
Superior, Wisconsin

Roya Hosseini
Junction Avenue K-8 School
Livermore, California

Cynthia Alexander Kirk
Classroom Teacher, Learning Specialist
West Creek Academy
Valencia, California

Marie LaCross
Fair Oaks Ranch Community School
Santa Clarita, California

Emily Miller
Science Specialist
Madison Metropolitan School District
Madison, Wisconsin

Monica Murray, EdD
Principal
Bassett Unified School District
La Puente, California

Wendy Savaske
Director of Instructional Services
School District of Holmen
Holmen, Wisconsin

Tina Topoleski
District Science Supervisor
Jackson School District
Jackson, New Jersey

Eres científica.
Eres curiosa por naturaleza.

Tal vez te hayas preguntado cosas como estas.

¿Por qué se funde el hielo?

¿Por qué late el corazón?

¿De dónde vienen los truenos?

¿Qué necesitan los animales para crecer?

HMH DIMENSIONES DE LAS CIENCIAS.
DESPERTARÁ tu curiosidad.

¿Qué imaginas para cuando seas grande?

Dibuja lo que te gustaría ser cuando seas grande.

Conviértete en científico.
Trabaja como lo hacen los científicos de verdad.

Resuelve problemas.

Pásalo bien.

Explica por qué.

Conviértete en ingeniero.
Resuelve problemas como lo hacen los ingenieros.

Diseña.

Resuelve.

Pon a prueba.

Explica el mundo que te rodea.
Empieza con una pregunta.

Hazlo.

Piénsalo.

Preséntalo.

Hay más de una manera de llegar a la respuesta. ¿Cuál es tu manera?

- Trabaja en equipo.
- Haz una afirmación.
- Justifícala con evidencias.

Seguridad en las ciencias XV

Ingeniería y diseño
Unidad 1 • Ingeniería y tecnología 1

Lección 1
Ingeniería • ¿Qué hace un ingeniero?... 4

Actividad práctica
Ingeniería • Problema y solución 9

Profesiones de las ciencias y la ingeniería • Ingeniero de juguetes 13

Lección 2
Ingeniería • ¿Cómo podemos usar un proceso de diseño?................. 18

Actividad práctica
Ingeniería • Proceso de diseño 25

Personajes de las ciencias y la ingeniería • Dra. Ayanna Howard........ 27

Unidad 1: Tarea del rendimiento 32

Unidad 1: Repaso 34

Ciencias físicas
Unidad 2 • Fuerzas y movimiento...................... 37

Lección 1
Ingeniería • ¿Qué es el movimiento?.. 40

Actividad práctica
Ingeniería • Crea una rampa 45

Personajes de las ciencias y la ingeniería • Isaac Newton 49

Lección 2
Ingeniería • ¿Cómo podemos cambiar la manera
en que se mueven las cosas? 54

Actividad práctica
Ingeniería • Empujar objetos 59

Profesiones de las ciencias y la ingeniería • Diseñador de
montañas rusas 61

Unidad 2: Tarea del rendimiento 66

Unidad 2: Repaso 68

Ciencias de la vida
Unidad 3 • Plantas y animales 71

Lección 1
¿Qué necesitan las plantas?.. 74

  Actividad práctica
  Lo que necesitan las plantas 79

Personajes de las ciencias y la ingeniería • Dra. Norma Alcantar........ 85

Lección 2
¿Qué necesitan los animales?... 90

  Actividad práctica
  Un hogar para las cochinillas 95

Profesiones de las ciencias y la ingeniería • Veterinario 101

Lección 3
¿Dónde viven las plantas y los animales?...................................... 106

  Actividad práctica
  Dónde viven las plantas.. 111

Lección 4
¿De qué maneras las plantas y los animales cambian
su medio ambiente?... 122

  Actividad práctica
  Ingeniería • Planea un parque... 131

Unidad 3: Tarea del rendimiento 138
Unidad 3: Repaso.. 140

Ciencias de la Tierra y el espacio
Unidad 4 • El sol calienta la Tierra 143

Lección 1
¿Cómo calienta el sol a la Tierra?..146
  Actividad práctica
  El calor del sol 151
Personajes de las ciencias y la ingeniería • Galileo Galilei 153

Lección 2
Ingeniería • ¿Cómo puedo protegerme del sol?.. 158
  Actividad práctica
  Ingeniería • Diseña un refugio de sombra.................................. 163
Profesiones de las ciencias y la ingeniería • Operario en una planta de energía solar 165

Unidad 4: Tarea del rendimiento 170
Unidad 4: Repaso... 172

xii

Unidad 5 • El tiempo 175

Lección 1
¿Cómo podemos observar patrones en el tiempo?.................... 178
   🔍 **Actividad práctica**
   Observar patrones en el tiempo 183
Profesiones de las ciencias y la ingeniería • Meteorólogo 189

Lección 2
¿Cómo podemos evaluar el tiempo?................................... 194
   🔍 **Actividad práctica**
   Evaluar el tiempo con instrumentos 201
Personajes de las ciencias y la ingeniería • June Bacon-Bercey 203

Lección 3
Ingeniería • ¿Qué clases de mal tiempo hay?........................ 208
   🔍 **Actividad práctica**
   Ingeniería • Haz un modelo de un trueno 211

Lección 4
Ingeniería • ¿Para qué nos sirve el pronóstico del tiempo?........ 224
   🔍 **Actividad práctica**
   Planea un kit de seguridad para el mal tiempo 231

Unidad 5: Tarea del rendimiento 238
Unidad 5: Repaso 240

xiii

Unidad 6 • Los recursos de la Tierra 243

Lección 1
¿Qué son los recursos naturales? 246

Actividad práctica
Ladrillos de arcilla 255

Personajes de las ciencias y la ingeniería • Theodore Roosevelt 257

Lección 2
Ingeniería • ¿Cómo podemos cuidar los recursos naturales? 262

Actividad práctica
Ingeniería • Diseña una solución 269

Profesiones de las ciencias y la ingeniería • Operario en un centro de reciclaje 271

Unidad 6: Tarea del rendimiento 276

Unidad 6: Repaso 278

Glosario interactivo R1

Seguridad en las ciencias

La clase de ciencias es muy divertida. Pero las prácticas de laboratorio pueden ser peligrosas. Debes conocer las reglas de seguridad y escuchar lo que indica el maestro.

⊘ **No comas ni bebas nada.**

⊘ **No toques los objetos filosos.**

✓ Lávate las manos.
✓ Ponte las gafas protectoras.
✓ Sé ordenado y limpia los derrames.
✓ Si algo se rompe, avisa al maestro.
✓ Pórtate bien.

Seguridad en las ciencias

¿Se respetan aquí las reglas de seguridad?

Encierra en un círculo las imágenes donde se respetan las reglas de seguridad.
Marca con una X las imágenes donde no se respetan las reglas de seguridad.

Unidad 1
Ingeniería y tecnología

Proyecto de la unidad • Diseñar un clasificador de monedas

¿Alguna vez has tenido un montón de monedas todas mezcladas? ¿Qué puedes hacer para clasificarlas? Investiga para saberlo.

Unidad 1: Vistazo

Lección 1
Ingeniería • ¿Qué hace un ingeniero?..............................4

Lección 2
Ingeniería • ¿Cómo podemos usar un proceso de diseño?......18

Repaso de la unidad...............32

Vocabulario de la unidad

problema algo que se debe arreglar o mejorar (pág. 6)

solución algo que resuelve un problema (pág. 7)

ingeniero alguien que usa las matemáticas y las ciencias para resolver problemas (pág. 11)

tecnología lo que se usa para resolver problemas (pág. 12)

proceso de diseño pasos para resolver problemas (pág. 20)

modelo algo que muestra cómo es un objeto y cómo funciona (pág. 20)

Juego de vocabulario • ¡A dibujar palabras!

Materiales
- un set de tarjetas de palabras

Cómo se juega
1. Prepara las tarjetas.
2. Coloca las tarjetas en un montón.
3. Un jugador elige una tarjeta y hace un dibujo de la palabra.
4. El otro jugador adivina la palabra.

Lección 1: Ingeniería • ¿Qué hace un ingeniero?

Al final de esta lección, podré explicar cómo trabajan los ingenieros para definir problemas y encontrar soluciones.

Resuelve el problema

Aprende en línea.

El disco volador está atascado en el árbol.
¿Cómo pueden bajarlo?

¿Puedes resolverlo?

Encierra en un círculo las imágenes en las que veas una solución al problema.

Lección 1 • Ingeniería • ¿Qué hace un ingeniero?   5

Problemas y soluciones

Aprende en línea.

Un **problema** es algo que se debe arreglar o mejorar. Observar es útil para resolver problemas.

Comenta el problema que se debe resolver.

Aprende en línea.

Un problema puede tener muchas soluciones. Una **solución** es algo que sirve para resolver un problema.

✏️ Dibuja

....
Haz un dibujo en el que muestres otra solución al problema. Presenta la idea.

Lección 1 • Ingeniería • ¿Qué hace un ingeniero?   7

Aprende en línea.

¿Cuál es el problema?

¿Cómo puede mi idea resolver el problema?

¿Por qué es una buena solución?

Hacer preguntas forma parte de la resolución de problemas.

Aplica lo que sabes Lee, escribe y preséntalo

Hacer y responder preguntas Busca sugerencias en el manual en línea.

• Encierra en un círculo las palabras **"cuál"**, **"cómo"** y **"por qué"**. ▲ Trabaja con un compañero para definir un problema. Hagan preguntas sobre el problema. Presenten las ideas al resto de la clase.

Nombre _____

Actividad práctica
Ingeniería • Problema y solución

Aprende en línea.

Materiales

¿Cómo defines un problema y diseñas una solución?

Paso 1

Observa la caja y los objetos que contiene.

Paso 2

Define un problema con la caja de materiales escolares.

Lección 1 • Ingeniería • ¿Qué hace un ingeniero? 9

Paso 3

Haz una pregunta sobre el problema.

Paso 4

Diseña una solución para el problema.
Dibuja tu diseño.

Haz una afirmación. ¿Qué evidencias tienes?

Ingenieros

Aprende en línea.

Un **ingeniero** usa las matemáticas y las ciencias para resolver problemas.

• Encierra en un círculo al ingeniero que arregla el robot. ▲ Encierra en un círculo las cosas que un ingeniero puede diseñar y construir.

Lección 1 • Ingeniería • ¿Qué hace un ingeniero? 11

Aprende en línea.

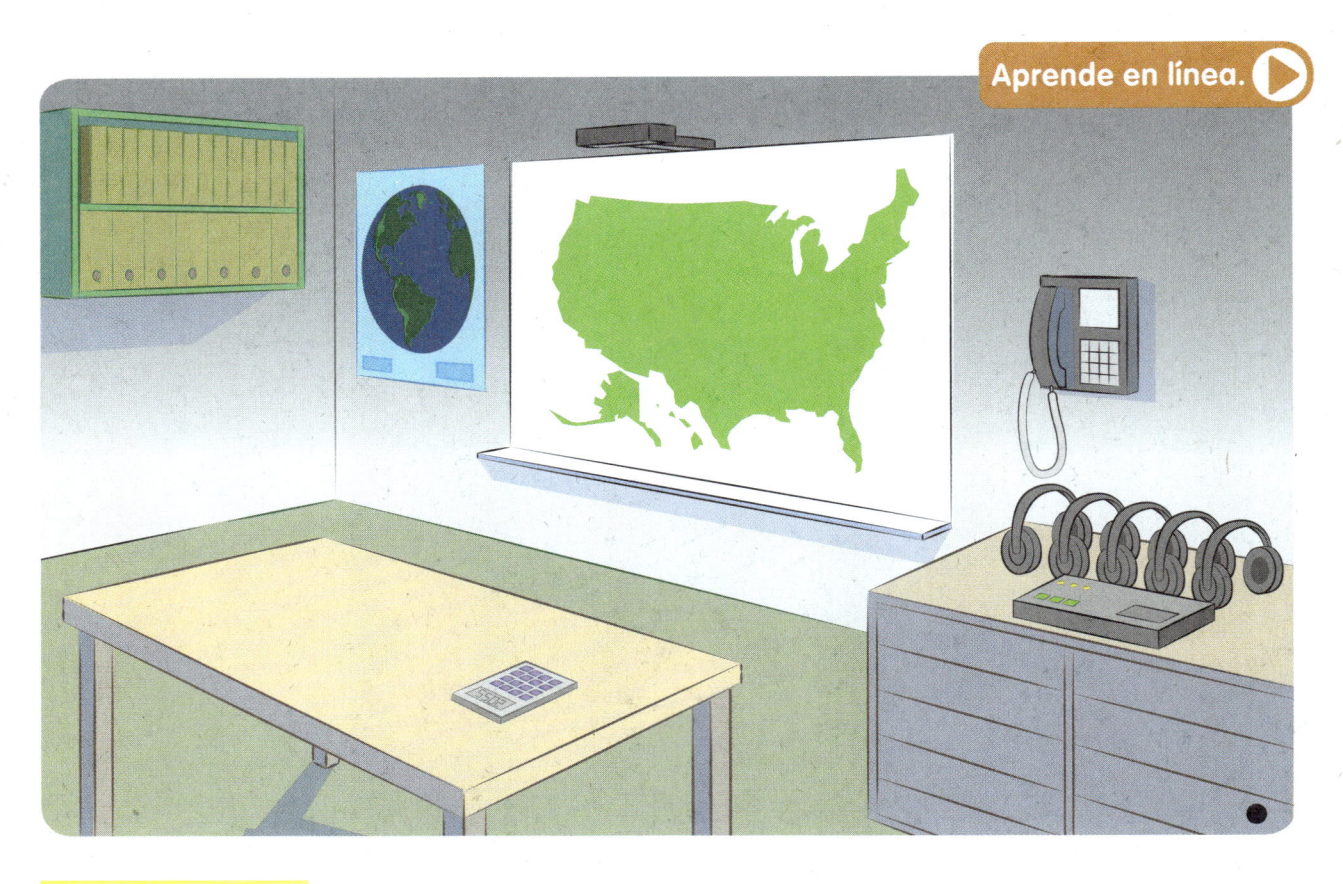

Tecnología es lo que crean y usan los ingenieros para resolver problemas. Un pupitre y un teléfono son tipos de tecnología.

Aplica lo que sabes | **Cuaderno de evidencias**

Hacer preguntas y definir problemas Busca sugerencias en el manual en línea.

• Encierra en un círculo los ejemplos de tecnología. ▲ Haz un dibujo en el que muestres cómo has podido resolver un problema con la tecnología. Presenta tu dibujo. Presenta evidencias para explicar cómo usaste la tecnología en la resolución del problema.

Un paso más

> **Aprende más en línea.**
> Cambios en la tecnología

Profesiones de las ciencias y la ingeniería •
Ingeniero de juguetes

Aprende en línea.

Los ingenieros de juguetes dibujan un juguete. Luego, lo fabrican y lo ponen a prueba. Es posible que modifiquen el juguete antes de que esté terminado.

Práctica matemática

Un ingeniero de juguetes diseñó este rompecabezas. ¿Qué formas usó?

Contar y comparar Busca sugerencias en el manual en línea.

• Encierra en un círculo al ingeniero de juguetes. ▲ Encierra en un círculo la figura que más se usó en el rompecabezas.

Lección 1 • Ingeniería • ¿Qué hace un ingeniero?   13

Diseña un juguete

> ✏️ Dibuja

Dibuja tu juguete favorito. Escribe una pregunta para un ingeniero de juguetes.

Nombre _____

Revisión de la lección

Aprende en línea. ▶

El disco volador está atascado en el árbol. ¿Cómo pueden bajarlo?

¿Puedes resolverlo?

Encierra en un círculo las imágenes en las que veas una solución al problema.

Lección 1 • Ingeniería • ¿Qué hace un ingeniero?   15

Autorrevisión

1

2

• Encierra en un círculo la imagen en la que veas un problema que se puede resolver.
▲ El juguete no cabe en la caja de regalos. Encierra en un círculo las imágenes en las que veas una manera de resolver el problema.

3

4

■ Encierra en un círculo el lugar por donde el agua pudo haber entrado a la casa de juegos.
✦ Encierra en un círculo las imágenes en las que veas algo útil para construir un comedero de aves.

Lección 1 • Ingeniería • ¿Qué hace un ingeniero?   **17**

Lección 2

Ingeniería • ¿Cómo podemos usar un proceso de diseño?

Al final de esta lección, podré usar un proceso de diseño para definir y resolver un problema.

Problema de luces

Un campo de béisbol es un lugar donde se juega al béisbol.

Aprende en línea.

¿Puedes resolverlo?

¿Dónde pondrías las luces para que las personas puedan ver cuando oscurece? Marca con una X los lugares donde creas que deberían ir las luces.

Lección 2 • Ingeniería • ¿Cómo podemos usar un proceso de diseño?

Un proceso de diseño

Un **proceso de diseño** es un conjunto de cinco pasos que siguen los ingenieros para resolver problemas.

Paso 1 Define un problema

Define un problema que necesite una solución.

Aprende en línea.

Hacer preguntas y definir problemas Busca sugerencias en el manual en línea.

Paso 2 Planea y construye

Planea tu diseño. Luego, construye un modelo. Un **modelo** de algo muestra cómo es un objeto y cómo funciona.

Aprende en línea.

Definir y delimitar problemas de ingeniería Busca sugerencias en el manual en línea.

Encierra en un círculo a los niños que construyen un modelo de su diseño.

20

Práctica matemática

Observa las imágenes. Encierra en un círculo el cilindro.

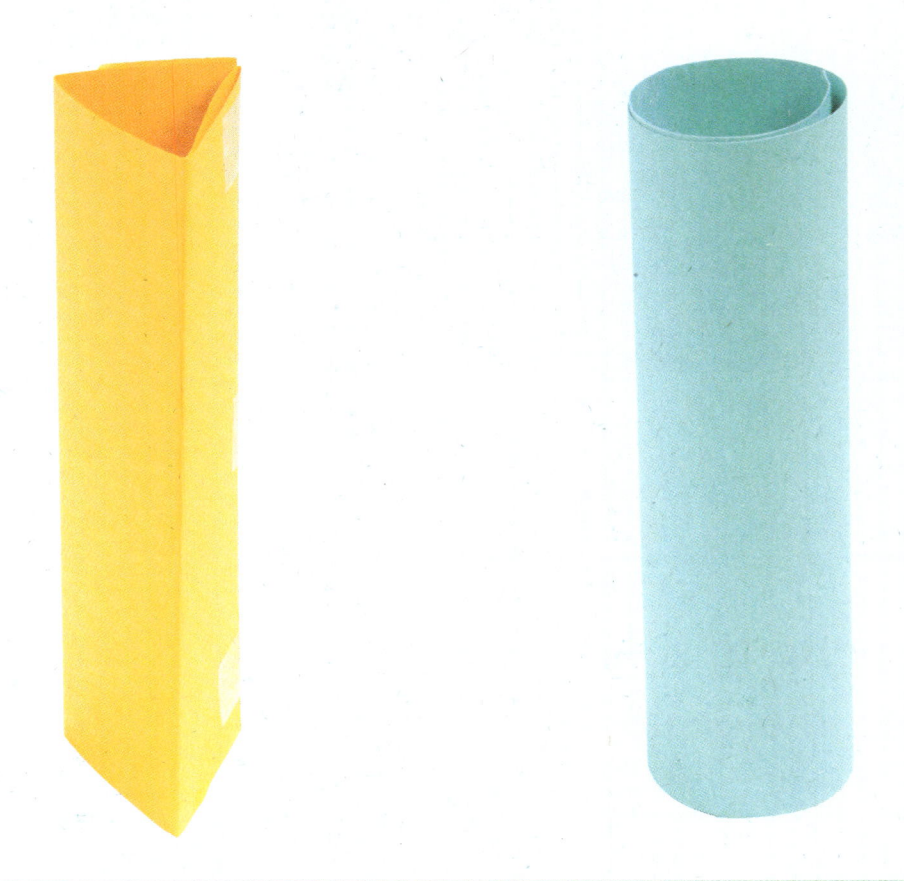

Nombrar figuras Busca sugerencias en el manual en línea.

Aplica lo que sabes Cuaderno de evidencias

Usar elementos visuales Busca sugerencias en el manual en línea.

• Encierra en un círculo el cilindro. ▲ En tu Cuaderno de evidencias, dibuja la torre que crees que será la más resistente. Presenta evidencias para explicar tu elección.

Lección 2 • Ingeniería • ¿Cómo podemos usar un proceso de diseño?

Paso 3 Pon a prueba y mejora

Aprende en línea.

Pon a prueba tu solución para ver si funciona. Si puedes, mejórala.

✏️ Dibuja

Dibuja dos maneras en las que podrías mejorar las torres.

Paso 4 Modifica el diseño

Aprende en línea.

Cuando modificas el diseño de algo, lo vuelves a diseñar para mejorarlo.

Aplica lo que sabes | **Cuaderno de evidencias**

Piensa en un problema que necesite una solución. Escribe o dibuja el problema. Presenta evidencias para explicar cómo podrías encontrar una solución con un proceso de diseño.

Lección 2 • Ingeniería • ¿Cómo podemos usar un proceso de diseño?

Paso 5 Comunica

Aprende en línea.

Cuando te comunicas, compartes con los demás lo que aprendiste.

Aplica lo que sabes Lee, escribe y preséntalo ▲

Usar elementos visuales Busca sugerencias en el manual en línea.

• Subraya lo que usan los niños para comunicar una solución. ▲ Elige un paso del proceso de diseño. Dibuja o describe algún caso en el que hayas usado ese paso.

24

Nombre _____

Actividad práctica
Ingeniería • Proceso de diseño

Aprende en línea.

Materiales

¿Cómo puedes fabricar una herramienta para alcanzar algo que está debajo del sofá?

Paso 1

Define el problema.

Paso 2

Planea dos maneras de resolver el problema. Construye tus herramientas.

Lección 2 • Ingeniería • ¿Cómo podemos usar un proceso de diseño? 25

Pon a prueba tus herramientas.

Paso 4

Modifica el diseño de las herramientas para mejorarlas. Vuelve a probar tus herramientas.

Paso 5

Presenta tus herramientas. Compara los diseños.

Haz una afirmación.   ¿Qué evidencias tienes?

Un paso más

Aprende más en línea.

Proyecto: Torre de papel

Personajes de las ciencias y la ingeniería • Dra. Ayanna Howard

Aprende en línea.

La Dra. Ayanna Howard es ingeniera en robótica. Diseña y arma robots. Como modelos para sus robots, la Dra. Howard observa a las personas.

Encierra en un círculo la imagen en la que la Dra. Howard sostiene uno de sus robots.

Dibuja

Dibuja un robot que puede atar un zapato.

Revisión de la lección

Nombre _____

Un campo de béisbol es un lugar donde se juega al béisbol.

Aprende en línea. ▶

¿Puedes resolverlo?

¿Dónde pondrías las luces para que las personas puedan ver cuando oscurece? Marca con una X los lugares donde creas que deberían ir las luces.

Lección 2 • Ingeniería • ¿Cómo podemos usar un proceso de diseño?

Autorrevisión

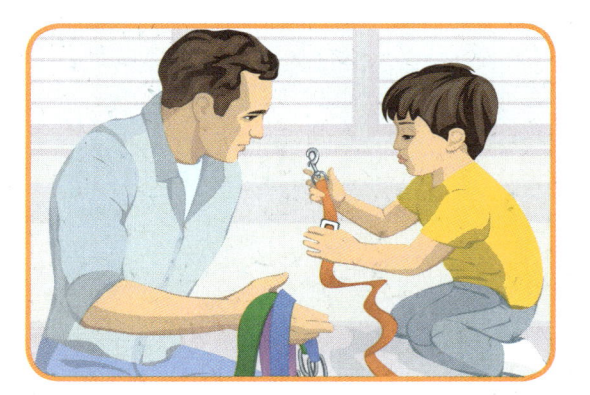

1

2

- Numera las imágenes del 1 al 3 para ordenar los pasos del proceso de diseño.
- Encierra en un círculo al niño que comunica una solución para el problema.

3

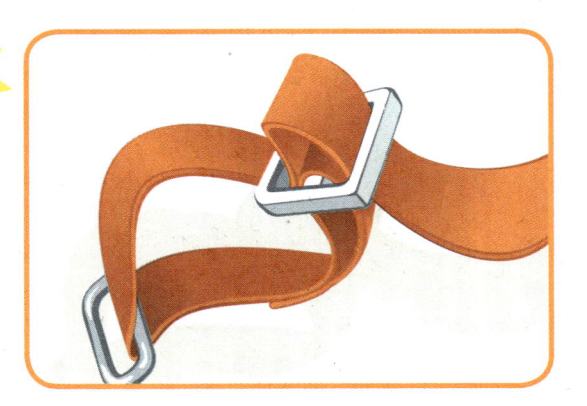

4

■ Encierra en un círculo la imagen de lo que hace el niño después de poner a prueba una solución. ☼ Encierra en un círculo la imagen de la mejor solución para sostener todas las correas.

Lección 2 • Ingeniería • ¿Cómo podemos usar un proceso de diseño?   31

Unidad 1: Tarea del rendimiento
Ingeniería • Construye un avión

Materiales
- una pajilla que no se doble
- cartulina
- tijeras de seguridad
- cinta adhesiva

PASOS

Paso 1

Define un problema Construye un avión y observa si puede volar lejos.

Paso 2

Planea y construye Usa los materiales para construir un avión.

Paso 3

Pon a prueba y mejora Pon a prueba tu diseño. ¿Vuela lejos tu avión? ¿Cómo puedes mejorar el diseño?

Paso 4

Modifica el diseño Construye un avión mejor. Puedes cambiar los materiales o la manera de usarlos.

Paso 5

Comunica Muestra lo lejos que vuela tu avión. Explica cómo mejoraste tu diseño.

✅ **Comprueba**

_____ Construí un avión que vuela.

_____ Puse a prueba mi avión.

_____ Modifiqué el diseño de mi avión para que vuele más lejos.

_____ Les presenté mi diseño a los demás.

Unidad 1: Repaso

Nombre _____

1

2

- Traza una línea que una el problema con la solución.
- ¿En qué imágenes ves una posible solución al problema? Encierra en un círculo las imágenes correctas.

34

3

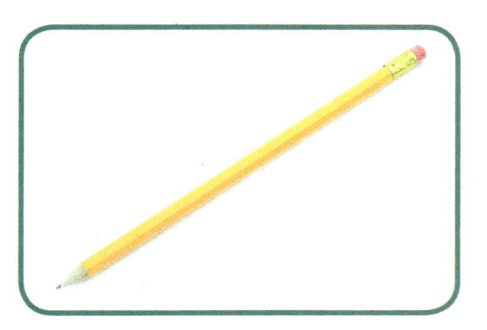

4

5

- ¿En qué imagen ves a un ingeniero trabajando en un diseño? Encierra en un círculo la imagen correcta.
- ¿En qué imágenes ves ejemplos de tecnología? Encierra en un círculo las imágenes correctas.
- ¿En qué imagen ves niños modificando el diseño de su herramienta? Encierra en un círculo la imagen correcta.

Unidad 1 • Ingeniería y tecnología   35

6

7

8

▲ ¿En qué imagen ves a un ingeniero construyendo un modelo? Encierra en un círculo la imagen correcta.

■ ¿En qué imagen ves a una niña poniendo a prueba el diseño de un juguete? Encierra en un círculo la imagen correcta.

✸ ¿En qué imagen ves cómo la niña presenta el juguete que hizo? Encierra en un círculo la imagen correcta.

36

Unidad 2
Fuerzas y movimiento

Proyecto de la unidad • Un juego de movimiento
¿Cómo puedes sumar puntos con un pequeño empujón?
Investiga para saberlo.

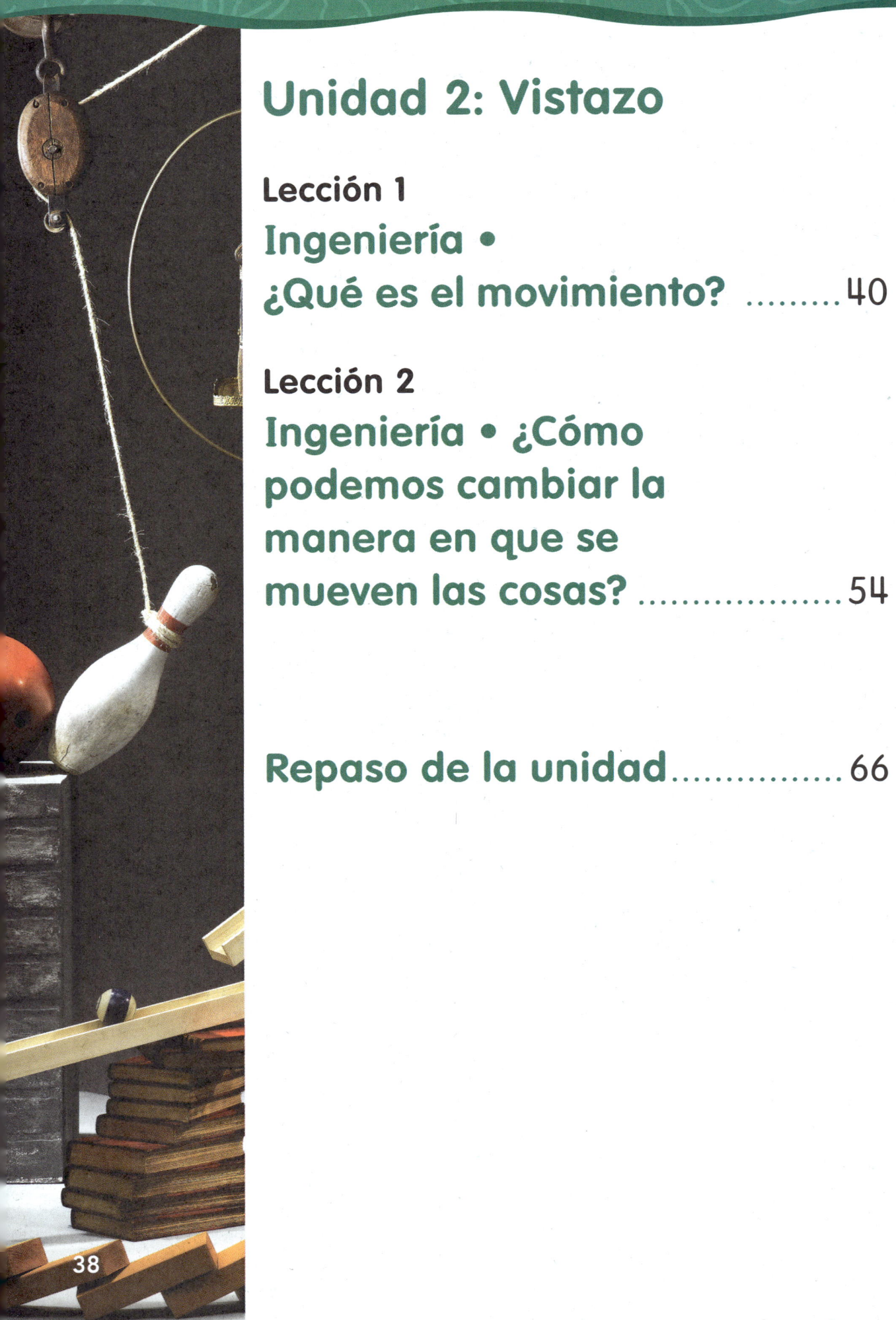

Unidad 2: Vistazo

Lección 1
**Ingeniería •
¿Qué es el movimiento?** 40

Lección 2
Ingeniería • ¿Cómo podemos cambiar la manera en que se mueven las cosas? 54

Repaso de la unidad 66

Vocabulario de la unidad

movimiento acción de moverse (pág. 42)

velocidad cuán rápido o lento se mueve algo (pág. 44)

dirección el recorrido que hace un objeto que se mueve (pág. 47)

fuerza un empujón o un tirón que puede hacer que un objeto en reposo se mueva o que uno en movimiento deje de moverse (pág. 56)

Juego de vocabulario • Adivina la palabra

Materiales
- un set de tarjetas de palabras

Cómo se juega

1. Prepara las tarjetas. Colócalas en un montón.
2. Un jugador elige una tarjeta.
3. El jugador representa la palabra.
4. El otro jugador adivina la palabra.

Lección 1 Ingeniería • ¿Qué es el movimiento?

Al final de esta lección, podré describir el movimiento, la velocidad y la dirección de los objetos.

Empujones y tirones

empujón

tirón

Aprende en línea.

¿Puedes explicarlo?

• Piensa en los empujones y los tirones. ¿Por qué causan movimientos distintos? ▲ Encierra en un círculo la imagen de un empujón. Traza una línea debajo de la imagen de un tirón.

Lección 1 • Ingeniería • ¿Qué es el movimiento?   41

El movimiento

Aprende en línea.

tirón

empujón

El **movimiento** es la acción de moverse. Cuando algo se mueve, está en movimiento.

En las investigaciones científicas, se usan distintos métodos
Busca sugerencias en el manual en línea.

Encierra en un círculo las cosas que están en movimiento.

Un empujón o un tirón pueden hacer que algo se mueva. También pueden evitar que algo se mueva.

Aplica lo que sabes **Cuaderno de evidencias**

En las investigaciones científicas, se usan distintos métodos
Busca sugerencias en el manual en línea.

● Encierra en un círculo todas las imágenes en las que veas un empujón. ▲ Busca en las imágenes un objeto que esté en movimiento. Presenta evidencias para explicar cómo sabes que el objeto se mueve.

Lección 1 • Ingeniería • ¿Qué es el movimiento? 43

La velocidad

rápido

lento

Algunas cosas se mueven rápido. Algunas cosas se mueven lento. La **velocidad** indica cuán rápido o lento se mueve algo.

En las investigaciones científicas, se usan distintos métodos
Busca sugerencias en el manual en línea.

Aplica lo que sabes

● Encierra en un círculo el guepardo que se mueve lento. ▲ Encierra en un círculo las cosas que se mueven rápido. ■ Dobla una hoja de papel. Escribe la palabra "rápido" en uno de los lados. Dibuja algo que se mueva rápido. Escribe la palabra "lento" en el otro lado. Dibuja algo que se mueva lento. Presenta los dibujos.

Nombre _____

Actividad práctica
Ingeniería • Crea una rampa

Aprende en línea.

Materiales

¿En qué rampa va más rápido el carro de juguete?

Paso 1

Crea una rampa. Pega la rampa a la mesa con cinta adhesiva.

Paso 2

Suelta el carro para que baje por la rampa.

Lección 1 • Ingeniería • ¿Qué es el movimiento?   45

Paso 3

Quita dos libros para cambiar la altura de la rampa.

Paso 4

Repite la prueba.

Paso 5

Saca conclusiones. ¿La altura de la rampa cambió la velocidad del carro?

Haz una afirmación.   ¿Qué evidencias tienes?

La dirección

Aprende en línea.

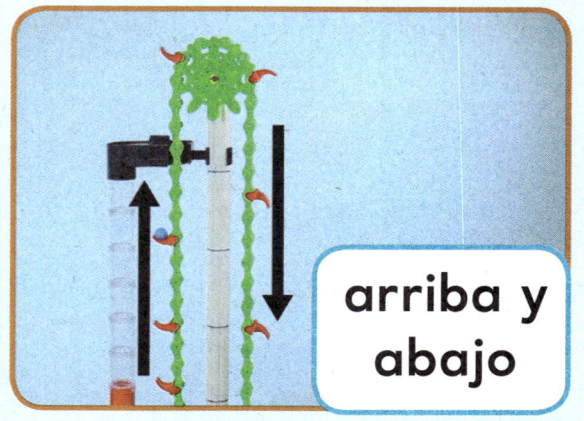

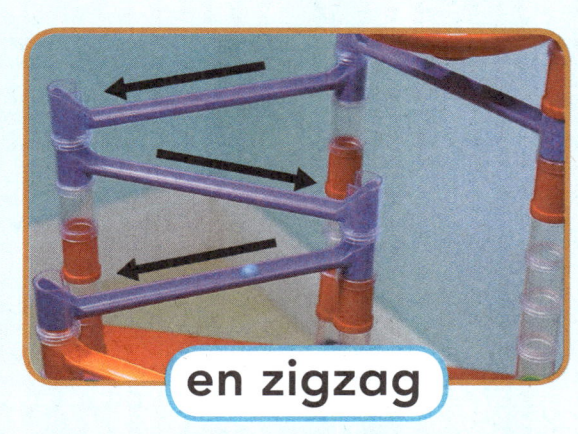

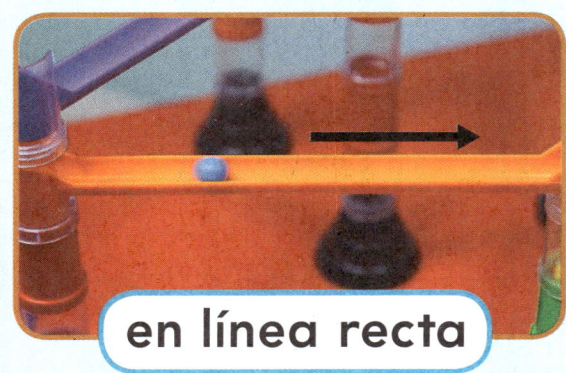

arriba y abajo

en zigzag

en círculo

en línea recta

atrás y adelante

La **dirección** es el recorrido que hace un objeto que se mueve.

En las investigaciones científicas, se usan distintos métodos Busca sugerencias en el manual en línea.

Observa la imagen del circuito completo. Colorea el recorrido en zigzag.

Lección 1 • Ingeniería • ¿Qué es el movimiento?   47

Observa las imágenes con atención.
¿Qué dirección muestran?

atrás y adelante   arriba y abajo   en círculo

Aplica lo que sabes

• Traza una línea que una las imágenes con la flecha que muestra la dirección. ▲ Juega a "Sigue al líder". El líder guiará al grupo en distintas direcciones.

48

Un paso más

Aprende más en línea.
La fricción

Personajes de las ciencias y la ingeniería •
Isaac Newton

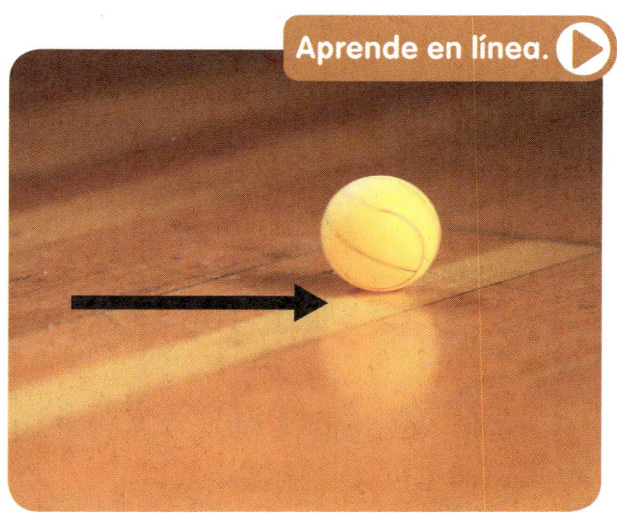

Aprende en línea.

Isaac Newton vivió hace mucho tiempo y era científico. Estudió cómo y por qué se mueven las cosas.

Lee, escribe y preséntalo

Proyecto de investigación Busca sugerencias en el manual en línea.

• Colorea el recorrido de la pelota que se ve en la imagen. ▲ Escribe una pregunta acerca de Isaac Newton. Trabaja en grupo para responderla. Pueden buscar información en libros o en Internet.

Lección 1 • Ingeniería • ¿Qué es el movimiento?   49

¡Haz una prueba!

Paso 1
Elige un objeto pesado.
Elige un objeto liviano.

Paso 2
Sopla a través de una pajilla para mover los objetos.

Paso 3
¿Cuál fue el efecto de usar la pajilla?

Causa y efecto Busca sugerencias en el manual en línea.

Práctica matemática

Comparar objetos Busca sugerencias en el manual en línea.

Dibuja los dos objetos que usaste para la prueba. Encierra en un círculo el objeto más pesado. Describe la prueba que hiciste y los resultados que obtuviste.

Nombre _____

Revisión de la lección

empujón

tirón

Aprende en línea.

¿Puedes explicarlo?

- Piensa en los empujones y los tirones. ¿Por qué causan movimientos distintos? ▲ Encierra en un círculo la imagen de un empujón. Traza una línea debajo de la imagen de un tirón.

Lección 1 • Ingeniería • ¿Qué es el movimiento?   51

Autorrevisión

1

2

● Encierra en un círculo las imágenes en las que veas un empujón. ▲ Encierra en un círculo la imagen en la que veas algo que se mueve lento.

3

4

■ Encierra en un círculo las imágenes en las que se muestra una dirección. ☀ Encierra en un círculo la imagen en la que se muestra cómo preparar una investigación para saber si una rampa cambia la velocidad de una pelota.

Lección 1 • Ingeniería • ¿Qué es el movimiento? 53

Lección 2

Ingeniería • ¿Cómo podemos cambiar la manera en que se mueven las cosas?

Al final de esta lección, podré explicar cómo se cambia la velocidad y la dirección de los objetos.

Cambiar la dirección y la velocidad

¿Qué le ocurrirá a esta pelota?

La dirección y la velocidad de los objetos pueden cambiar.

¿Puedes explicarlo?

- Piensa en cómo se mueve una pelota cuando alguien la patea. ¿Va más rápido o más lento? ¿En qué dirección se mueve? ▲ Encierra en un círculo las imágenes en las que veas lo que puede hacer el niño para que la pelota se mueva más rápido.

Lección 2 • ¿Cómo podemos cambiar la manera en que se mueven las cosas?   55

Cambiar la velocidad

rápido

lento

Una **fuerza** es un empujón o un tirón que puede hacer que un objeto en reposo se mueva o que uno en movimiento deje de moverse.

Las fuerzas también pueden cambiar la velocidad de los objetos.

Aplica lo que sabes

Causa y efecto Busca sugerencias en el manual en línea.

• Encierra en un círculo las imágenes en las que alguien usa una fuerza para que la pelota se mueva rápido. ▲ Túrnense con un compañero para patear la pelota. Primero, fuerte; luego, más suave. Describe cómo cambia la velocidad de la pelota con las distintas maneras de patearla.

Cambiar la dirección

Aprende en línea.

Las fuerzas pueden cambiar la dirección en que se mueven los objetos.

Aplica lo que sabes | **Cuaderno de evidencias**

• Encierra en un círculo las imágenes en las que alguien usa una fuerza para cambiar la dirección en que se mueve la pelota. ▲ Menciona otras maneras de cambiar la dirección de un objeto. Describe la causa y el efecto. Presenta evidencias para justificar tus ideas.

Lección 2 • ¿Cómo podemos cambiar la manera en que se mueven las cosas?   57

Choques

Aprende en línea.

Esta bola de boliche tumbó todos los pinos.

Cuando dos objetos se tocan, se empujan el uno al otro. Ese empujón puede cambiar la dirección y la velocidad de los objetos.

Aplica lo que sabes Práctica matemática

Comparar objetos Busca sugerencias en el manual en línea.

• Encierra en un círculo los objetos que cambian de dirección a causa de un choque. ▲ Describe cómo el choque de una canica contra otra afecta la velocidad y la dirección.

58

Nombre _____

Actividad práctica
Ingeniería • Empujar objetos

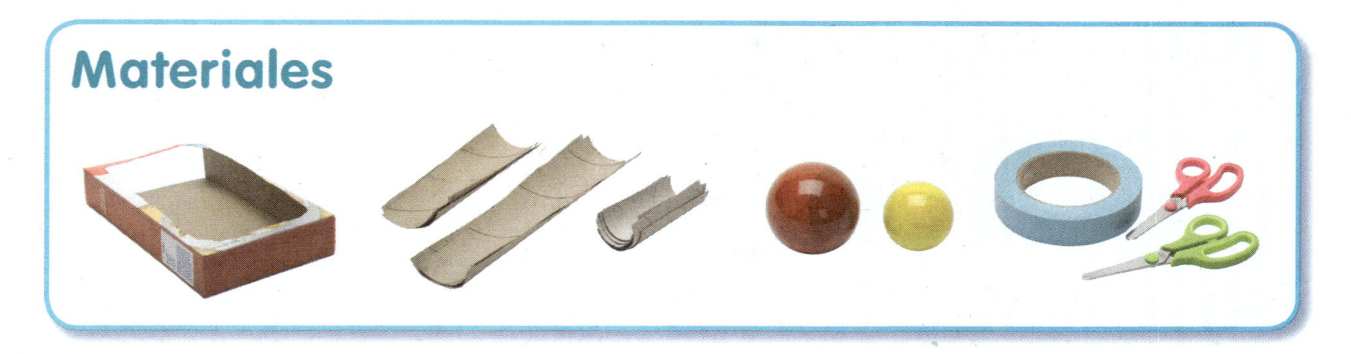

Aprende en línea.

Materiales

¿Qué ocurre cuando dos objetos se empujan el uno al otro?

Paso 1

Diseña un circuito de canicas. La canica debe cambiar de dirección y de velocidad, y también empujar a otra canica.

Paso 2

Construye el circuito.

Lección 2 • ¿Cómo podemos cambiar la manera en que se mueven las cosas?   59

Paso 3

Pon a prueba el circuito. Observa.

Paso 4

Haz cambios. Ponlo a prueba otra vez.

Paso 5

Analiza los resultados.

Haz una afirmación.   ¿Qué evidencias tienes?

Un paso más

Aprende más en línea.
Carrera de globos cohete

Profesiones de las ciencias y la ingeniería •
Diseñador de montañas rusas

Aprende en línea.

Los ingenieros diseñan montañas rusas. Cuando planean el recorrido, deben tener en cuenta la seguridad.

Encierra en un círculo la imagen de un ingeniero que construye una montaña rusa.

Lección 2 • ¿Cómo podemos cambiar la manera en que se mueven las cosas?

Diseña tu propia montaña rusa

✏️ Dibuja

Lee, escribe y preséntalo

Hacer y responder preguntas Busca sugerencias en el manual en línea.

• Dibuja tu diseño de montaña rusa. Describe la velocidad y el movimiento del recorrido. ▲ Haz preguntas sobre las montañas rusas. Busca las respuestas en libros o en Internet. Comunica lo que has aprendido.

Nombre _____

Revisión de la lección

¿Qué le ocurrirá a esta pelota?

La dirección y la velocidad de los objetos pueden cambiar.

¿Puedes explicarlo?

• Piensa en cómo se mueve una pelota cuando alguien la patea. ¿Va más rápido o más lento? ¿En qué dirección se mueve? ▲ Encierra en un círculo las imágenes en las que veas lo que puede hacer el niño para que la pelota se mueva más rápido.

Lección 2 • ¿Cómo podemos cambiar la manera en que se mueven las cosas?

Autorrevisión

1

2

• Encierra en un círculo las imágenes en las que algo se mueve a causa de un tirón. ▲ Encierra en un círculo la imagen en la que veas una manera de detener el movimiento de un objeto.

3

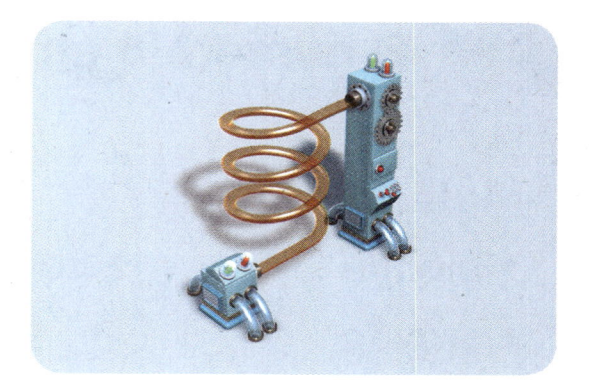

4

■ Encierra en un círculo el circuito que cambia la dirección de la canica para que se mueva en círculos. ☀ Encierra en un círculo las imágenes en las que un objeto cambia de dirección porque algo lo toca.

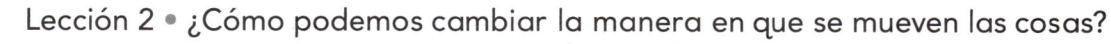

Lección 2 • ¿Cómo podemos cambiar la manera en que se mueven las cosas?   **65**

Unidad 2: Tarea del rendimiento
El número 8 en movimiento

Materiales
- bloque
- cartulina
- crayón

PASOS

Paso 1
Dibuja el número 8 en la cartulina.

Paso 2
Coloca un bloque sobre el número.

Paso 3
Mueve el bloque con pequeños empujones para que complete un recorrido sobre el número 8.

Paso 4

Cuenta los empujones. ¿Cuántos empujones diste para que el bloque complete el recorrido sobre el número 8? ¿Cuántas veces cambiaste la dirección del bloque?

Paso 5

Hazlo otra vez y compara los resultados.

✓ Comprueba

_____ Dibujé el número 8.

_____ Moví el bloque con pequeños empujones para que recorra el número 8.

_____ Conté los empujones y las veces que cambié la dirección del bloque.

_____ Lo hice otra vez y comparé los resultados.

Unidad 2: Repaso

Nombre _____

1

2

• ¿En qué imágenes se ve algo en movimiento? Encierra en un círculo las imágenes correctas.
▲ Une con una línea las imágenes que muestran un empujón. Une con una línea las imágenes que muestran un tirón.

68

3

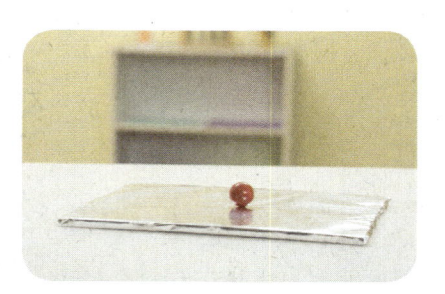

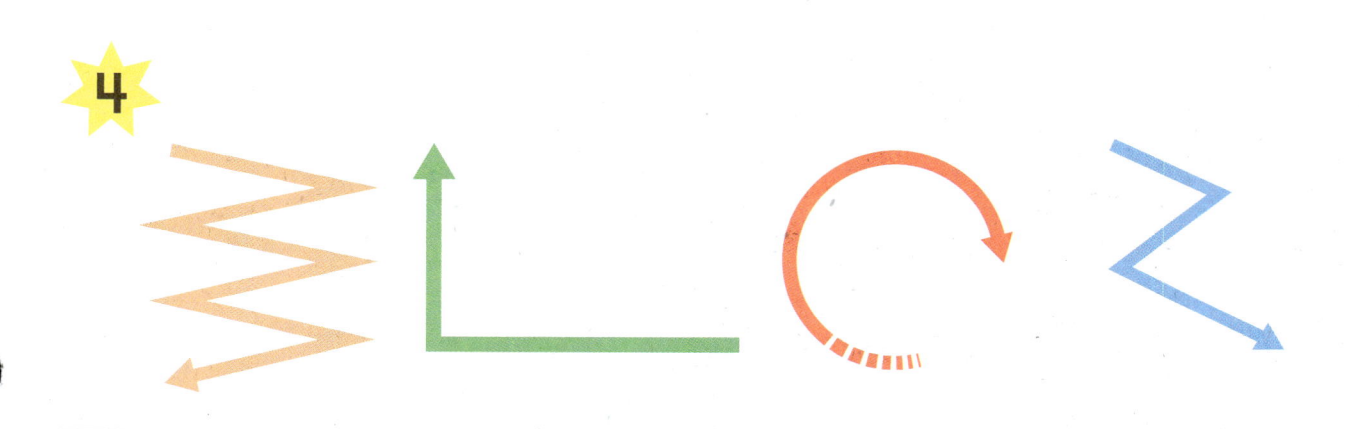

4

5

■ ¿En qué imágenes se muestra cómo preparar una investigación sobre el cambio de dirección de una pelota? Encierra en un círculo las imágenes correctas.

✦ ¿Qué flechas muestran un movimiento en zigzag? Encierra en un círculo las imágenes correctas.

● ¿En qué imágenes ves un objeto que se mueve a causa de una fuerza? Encierra en un círculo las imágenes correctas.

Unidad 2 • Fuerzas y movimiento   **69**

6

7

8

▲ ¿En qué imágenes ves la razón por la que cambian de dirección los objetos? Encierra en un círculo las imágenes correctas.

■ Encierra en un círculo la imagen en la que ves un objeto que se mueve en línea recta.

★ ¿Qué pelota irá más rápido? Encierra en un círculo la imagen correcta.

Unidad 3
Plantas y animales

Proyecto de la unidad • Cambios que hacen los animales
¿Cómo puedes hacer un modelo para mostrar la forma en que los animales cambian su medio ambiente? Investiga para saberlo.

Unidad 3 • Plantas y animales

Unidad 3: Vistazo

Lección 1
¿Qué necesitan las plantas? 74

Lección 2
¿Qué necesitan los animales? 90

Lección 3
¿Dónde viven las plantas y los animales? 106

Lección 4
¿De qué manera las plantas y los animales cambian su medio ambiente? 122

Repaso de la unidad 138

Vocabulario de la unidad

seres vivos seres que están vivos (pág. 76)

componentes no vivos cosas que no tienen vida (pág. 76)

refugio lugar seguro donde vivir (pág. 94)

desierto lugar seco (pág. 108)

bosque lugar donde hay muchos árboles (pág. 110)

laguna una masa pequeña de agua dulce (pág. 114)

océano masa muy grande de agua salada (pág. 116)

medio ambiente todo lo que hay en un lugar (pág. 124)

Juego de vocabulario • ¡Adivina la palabra!

Materiales
- un set de tarjetas de palabras

Cómo se juega
1. Prepara las tarjetas.
2. Coloca las tarjetas en un montón.
3. Un jugador toma la primera tarjeta del montón.
4. El otro jugador adivina la palabra.

Unidad 3 • Plantas y animales

Lección 1: ¿Qué necesitan las plantas?

Al final de esta lección, podré explicar qué necesitan las plantas para vivir y crecer.

Lo que necesitan las plantas

Las hojas están marchitas. ¿Qué pasó? ¿Qué necesita la planta?

Aprende en línea.

¿Puedes resolverlo?

¿Qué necesita la planta para vivir y crecer? Encierra en un círculo las imágenes que muestran lo que necesita la planta.

Lección 1 • ¿Qué necesitan las plantas? 75

Seres vivos y componentes no vivos

Los **seres vivos** son seres que tienen vida. Necesitan aire, alimento, agua y espacio para vivir. Los **componentes no vivos** son cosas que no tienen vida.

Encierra en un círculo dos seres vivos. Marca con una X dos componentes no vivos.

✏️ **Dibuja**

Vivo	No vivo

Aplica lo que sabes — **Cuaderno de evidencias**

• Dibuja un ser vivo en la columna que dice "Vivo". ▲ Dibuja un componente no vivo en la columna que dice "No vivo". ■ Trabaja con un compañero. Recorta imágenes de seres vivos y de componentes no vivos. Clasifica las imágenes y pégalas en tu Cuaderno de evidencias.

Lección 1 • ¿Qué necesitan las plantas?

Luz solar, agua y tierra

Aprende en línea.

luz solar

tierra

agua

Las plantas necesitan agua y luz solar para vivir y crecer. La mayoría de las plantas también necesita tierra.

Patrones Busca sugerencias en el manual en línea.

- Encierra en un recuadro lo que las plantas necesitan para vivir y crecer.
▲ Encierra en un círculo las plantas saludables.

78

Nombre _____

Actividad práctica
Lo que necesitan las plantas

Aprende en línea.

Materiales

¿Las plantas necesitan luz solar?

Paso 1

Rotula una maceta con un círculo amarillo. Rotula otra maceta con un círculo negro.

Paso 2

Coloca la planta con el rótulo amarillo en un lugar donde le dé el sol. Coloca la planta con el rótulo negro en un lugar oscuro.

Paso 3

Riega las plantas cada tres días durante dos semanas.

Lección 1 • ¿Qué necesitan las plantas? 79

Paso 4

Observa y compara las plantas.
¿Observas algún patrón? ¿Cuál?

Planta al sol	Planta en la oscuridad

Haz una afirmación.	¿Qué evidencias tienes?

Práctica matemática

Las dos plantas tienen lo que necesitan para vivir y crecer. ¿Qué planta es más alta?

Comparar objetos Busca sugerencias en el manual en línea.

Aplica lo que sabes **Cuaderno de evidencias**

● Encierra en un círculo la planta más alta. ▲ Escribe tres cosas que una planta necesita continuamente para vivir y crecer. Explica por qué esas cosas forman un patrón.

Lección 1 • ¿Qué necesitan las plantas?   81

Aire y espacio para crecer

Aprende en línea.

Las plantas necesitan aire. Usan el aire para producir alimento y para crecer.

Analizar e interpretar datos Busca sugerencias en el manual en línea.

Rotula el aire en la imagen.

Dibuja

Aprende en línea.

Las plantas necesitan espacio para que sus raíces, tallos y hojas puedan crecer.

Dibuja plantas en la tierra. Deja espacio para que crezcan. Colorea el dibujo.

Lección 1 • ¿Qué necesitan las plantas? 83

El conocimiento científico se basa en la evidencia empírica Busca sugerencias en el manual en línea.

Las plantas necesitan aire y espacio continuamente para vivir y crecer.

Aplica lo que sabes Lee, escribe y preséntalo

Usar elementos visuales Busca sugerencias en el manual en línea.

- Encierra en un círculo las plantas que tienen suficiente aire y espacio para vivir y crecer.
- Haz un dibujo que muestre lo que necesita una planta para vivir y crecer. Presenta evidencias para explicar cómo lo sabes.

Un paso más

Aprende más en línea.
Plantas que no necesitan tierra

Personajes de las ciencias y la ingeniería •
Dra. Norma Alcantar

Aprende en línea.

La Dra. Alcantar estudia el gel pegajoso que hay dentro de las opuntias. Lo usa para limpiar agua potable.

Traza una línea debajo de la Dra. Alcantar.

Lección 1 • ¿Qué necesitan las plantas? **85**

Dibuja

• Encierra en un círculo la planta que la Dra. Alcantar usa para limpiar el agua potable. ▲ Haz un dibujo que muestre por qué el trabajo de la Dra. Alcantar ayuda a las personas.

Nombre _____

Revisión de la lección

Aprende en línea.

Las hojas están marchitas. ¿Qué pasó? ¿Qué necesita la planta?

¿Puedes resolverlo?

¿Qué necesita la planta para vivir y crecer? Encierra en un círculo las imágenes que muestran lo que necesita la planta.

Lección 1 • ¿Qué necesitan las plantas?   **87**

Autorrevisión

1

2

• Encierra en un círculo los seres vivos. ▲ Encierra en un círculo lo que las plantas necesitan para vivir y crecer.

88

3

4

■ Encierra en un círculo los componentes no vivos. ☀ Encierra en un círculo las plantas que reciben lo que necesitan para vivir y crecer.

Lección 1 • ¿Qué necesitan las plantas?   **89**

Lección 2: ¿Qué necesitan los animales?

Al final de esta lección, podré explicar qué necesitan los animales para vivir y crecer.

Plantas y animales

Aprende en línea.

Las plantas necesitan agua y luz. ¿Qué necesitan los animales para vivir y crecer?

¿Puedes explicarlo?

alimento | agua | sol

● Piensa en lo que un animal necesita para vivir. ▲ Encierra en un círculo lo que piensas que necesita el mapache para vivir y crecer.

Lección 2 • ¿Qué necesitan los animales?   91

Lo que necesitamos las personas

Aprende en línea.

alimento

agua

un lugar donde vivir

aire

Las personas necesitamos muchas cosas para vivir y crecer. Necesitamos alimento y agua. Necesitamos aire. También necesitamos un lugar donde vivir.

Patrones Busca sugerencias en el manual en línea.

Traza una línea que una la palabra con la parte de la imagen que corresponda.

92

alimento

marcadores

libros

agua

Aplica lo que sabes **Cuaderno de evidencias**

Patrones Busca sugerencias en el manual en línea.

• Encierra en un círculo lo que necesitamos las personas para vivir y crecer. ▲ Haz una lista de lo que necesitas para vivir y crecer. Compara tu lista con la de los demás. ¿Observas un patrón? ¿Qué evidencias tienes?

Lección 2 • ¿Qué necesitan los animales?   93

Lo que necesitan los animales

alimento

agua

Los animales necesitan alimento y agua para vivir y crecer.

aire

refugio

Los animales necesitan aire y un refugio. Un **refugio** es un lugar seguro donde vivir.

• Encierra en un círculo el animal que tiene el alimento que necesita. ▲ Encierra en un círculo el animal que tiene refugio.

Nombre _____

Actividad práctica
Un hogar para las cochinillas

Aprende en línea.

Materiales

¿Cómo puedes hacer un hogar para las cochinillas?

Paso 1

Haz un hogar para las cochinillas. Coloca en la caja todos los objetos que necesitan las cochinillas. Rocía el hogar tres veces con agua.

Paso 2

Coloca las cochinillas en su hogar.

Lección 2 • ¿Qué necesitan los animales? 95

Paso 3

Observa las cochinillas todos los días durante una semana. Dibuja lo que observas.

Paso 4

¿Observas un patrón? Explica lo que necesitan las cochinillas para vivir y crecer. Describe en qué se parecen a otros animales.

Haz una afirmación.

¿Qué evidencias tienes?

Patrones Busca sugerencias en el manual en línea.

Aplica lo que sabes | **Cuaderno de evidencias**

• Encierra en un círculo la imagen que muestra dónde tiene que vivir el águila si quiere obtener lo que necesita para vivir y crecer. ▲ Haz un dibujo de un animal. En tu dibujo, muestra que el animal obtiene lo que necesita.

Lección 2 • ¿Qué necesitan los animales? 97

Agua y aire para los animales

Aprende en línea.

No todos los animales usan la misma parte del cuerpo para beber agua.

Analizar e interpretar datos Busca sugerencias en el manual en línea.

Práctica matemática

Comparar objetos Busca sugerencias en el manual en línea.

● Encierra en un círculo el animal que bebe agua con el pico. ▲ ¿Qué animal necesita beber más agua por día? Traza una línea debajo del animal que bebe más agua por día.

98

branquias

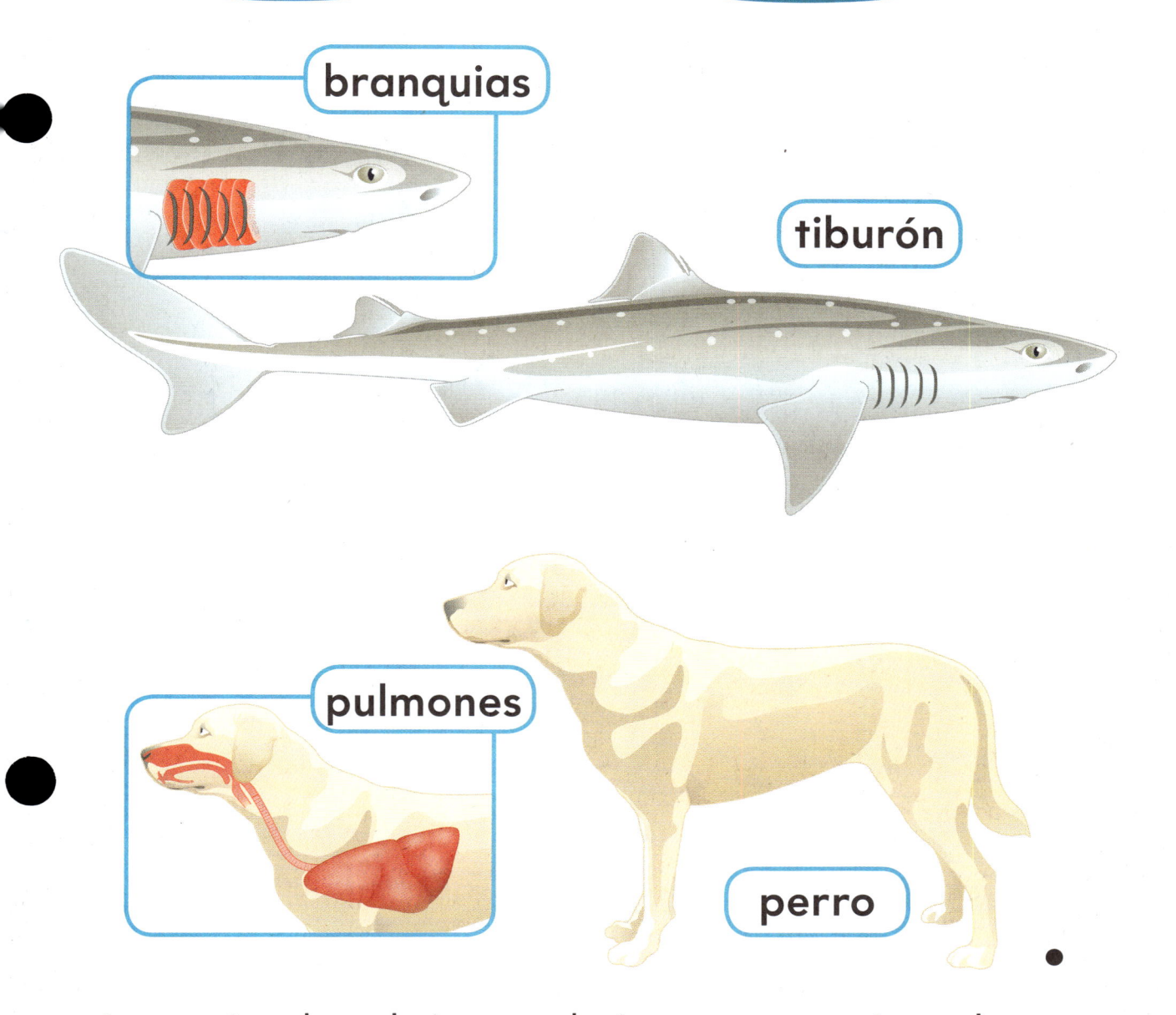

tiburón

pulmones

perro

Los animales obtienen el aire que necesitan de diferentes maneras.

Patrones Busca sugerencias en el manual en línea.

Aplica lo que sabes **Cuaderno de evidencias**

• Encierra en un círculo el animal que usa las branquias para tomar aire. Traza una línea debajo del animal que usa los pulmones para tomar aire. ▲ ¿Qué parte del cuerpo usan los peces para tomar aire? ¿Qué parte del cuerpo usan otros animales? Explica tus evidencias.

Lección 2 • ¿Qué necesitan los animales?

Alimento para los animales

Aprende en línea.

halcón

dragón barbudo

tortuga del desierto

Algunos animales comen plantas. Algunos comen a otros animales. Algunos comen tanto plantas como otros animales.

Patrones Busca sugerencias en el manual en línea.

Aplica lo que sabes Lee, escribe y preséntalo

Proyecto de investigación Busca sugerencias en el manual en línea.

• Encierra en un círculo el animal que solo come plantas. ▲ Trabaja con un compañero. Elige un animal. Investiga lo que come. Haz un dibujo del animal y de la comida que le gusta.

Un paso más

Aprende más en línea.
Deseos y necesidades

Profesiones de las ciencias y la ingeniería • Veterinario

Aprende en línea.

Los veterinarios son los médicos de los animales. Se ocupan de cuidar todo tipo de animales.

Encierra en un círculo al veterinario que trabaja con un animal de granja. Traza una línea debajo de las imágenes en las que veas a un veterinario cuidando a una mascota.

Lección 2 • ¿Qué necesitan los animales? 101

Más información sobre los veterinarios
Lee, escribe y preséntalo

Paso 1

Haz preguntas sobre los veterinarios.

Paso 2

Busca las respuestas en libros.

Paso 3

Escribe o dibuja
lo que aprendiste.

Paso 4

Haz un cartel sobre los veterinarios.
Muestra el cartel a tus compañeros.

Proyecto de investigación Busca sugerencias en el manual en línea.

Nombre _____

Revisión de la lección

Aprende en línea.

Las plantas necesitan agua y luz. ¿Qué necesitan los animales para vivir y crecer?

¿Puedes explicarlo?

alimento   agua   sol

• Piensa en lo que un animal necesita para vivir. ▲ Encierra en un círculo lo que necesita el mapache para vivir y crecer.

Lección 2 • ¿Qué necesitan los animales?   103

Autorrevisión

1

2

- Encierra en un círculo los animales que tienen el alimento que necesitan. ▲ Encierra en un círculo los animales que tienen el aire que necesitan.

104

3

4

■ Encierra en un círculo los animales que tienen el agua que necesitan. ☀ Encierra en un círculo los animales que tienen el refugio que necesitan.

Lección 2 • ¿Qué necesitan los animales? **105**

Lección 3

¿Dónde viven las plantas y los animales?

Al final de esta lección, podré explicar por qué las plantas y los animales viven en ciertos lugares.

Seres vivos en todas partes

Observa la imagen. ¿Qué cosas hay en el bosque que son necesarias para que las plantas y los animales puedan vivir y crecer?

Aprende en línea.

¿Puedes explicarlo?

Encierra en un círculo lo que las plantas y los animales del bosque necesitan para vivir y crecer.

Lección 3 • ¿Dónde viven las plantas y los animales? 107

El desierto

Aprende en línea.

Un **desierto** es un lugar seco. El desierto es un sistema. Las plantas y los animales forman parte de ese sistema. El desierto tiene todo lo que ellos necesitan para vivir y crecer.

Sistemas y modelos de sistemas Busca sugerencias en el manual en línea.

Encierra en un círculo todos los animales del desierto. Marca con una X las plantas del desierto.

liebre del desierto

lagarto de collar

cactus

estrella de mar

Aplica lo que sabes Lee, escribe y preséntalo

Usar elementos visuales Busca sugerencias en el manual en línea.

● Encierra en un círculo todas las plantas y los animales que viven en el desierto. ▲ Haz un dibujo de una planta o un animal que viva en el desierto. Explica cómo obtiene lo que necesita en el desierto.

Lección 3 • ¿Dónde viven las plantas y los animales?

El bosque

Un **bosque** es un lugar donde hay muchos árboles. El bosque es un sistema. Las plantas y los animales forman parte de ese sistema. El bosque tiene todo lo que ellos necesitan.

Sistemas y modelos de sistemas Busca sugerencias en el manual en línea.

Encierra en un círculo todos los animales del bosque.

Nombre _____

Actividad práctica
Dónde viven las plantas

Aprende en línea.

Materiales

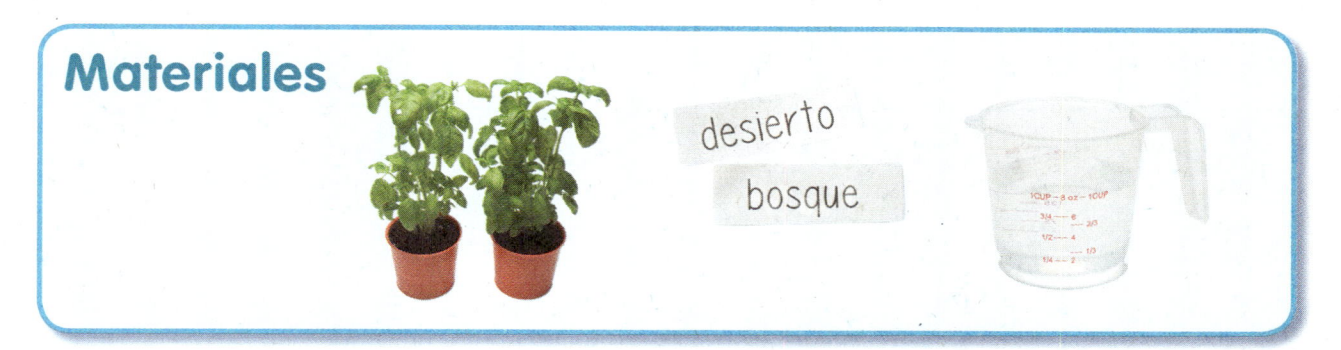

¿Una planta del bosque puede vivir en el desierto?

Paso 1

Rotula una planta con la palabra "desierto". Rotula la otra planta con la palabra "bosque". Pon las plantas en un lugar donde les dé el sol.

Paso 2

Riega la planta del desierto una vez. Riega la planta del bosque día por medio.

Paso 3

Observa las plantas todos los días durante una semana.

Lección 3 • ¿Dónde viven las plantas y los animales?   111

Paso 4

Dibuja las plantas después de una semana.

planta del desierto	planta del bosque

Haz una afirmación.

¿Qué evidencias tienes?

Práctica matemática

Algunos árboles han sido talados. Si queremos plantar un árbol nuevo por cada árbol que fue talado, ¿cuántos árboles hay que plantar?

_____ árboles

Conocer la secuencia numérica Busca sugerencias en el manual en línea.

Aplica lo que sabes Lee, escribe y preséntalo ▲

Usar elementos visuales Busca sugerencias en el manual en línea.

● Escribe el número de árboles que hay que plantar. ▲ Haz un dibujo de un animal que obtiene del árbol lo que necesita para vivir. Presenta evidencias para explicar a tus compañeros por qué el animal obtiene del árbol lo que necesita.

Lección 3 • ¿Dónde viven las plantas y los animales?

La laguna

Aprende en línea.

pez luna

flor nomeolvides

libélula

Una =="laguna"== es una masa pequeña de agua dulce. La laguna es un sistema. Los seres vivos son parte de ese sistema. La laguna tiene todo lo que ellos necesitan.

Sistemas y modelos de sistemas Busca sugerencias en el manual en línea.

Encierra en un círculo el animal que vive **bajo** el agua.

Aplica lo que sabes Lee, escribe y preséntalo

Usar elementos visuales Busca sugerencias en el manual en línea.

• Encierra en un círculo dos animales de que viven en la laguna. Marca con una X dos plantas que viven en la laguna. ▲ Haz un móvil de una laguna. Muestra las plantas y los animales que viven dentro o cerca de la laguna.

Lección 3 • ¿Dónde viven las plantas y los animales?   115

El océano

Aprende en línea.

Un **océano** es una masa muy grande de agua salada. El océano es un sistema. Los seres vivos son parte de ese sistema. El océano tiene todo lo que ellos necesitan.

Sistemas y modelos de sistemas Busca sugerencias en el manual en línea.

Aplica lo que sabes Lee, escribe y preséntalo

Proyecto de investigación Busca sugerencias en el manual en línea.

● Encierra en un círculo los animales del océano. ▲ Investiga más sobre el océano. Elige una planta o un animal. Busca evidencias que demuestren que el océano le da todo lo que necesita para vivir y crecer.

Un paso más

De paseo al zoológico

Aprende más en línea.
Bosque lluvioso del Amazonas

Aprende en línea.

Un diseñador de zoológicos crea lugares donde los animales obtienen lo que necesitan.

Encierra en un círculo el animal que obtiene lo que necesita de una zona con agua. Marca con una X la imagen en la que veas el animal que come el alimento que necesita.

Lección 3 • ¿Dónde viven las plantas y los animales?   117

Planea un zoológico

Diseña un lugar para un animal de zoológico. Asegúrate de que tenga todo lo que necesita.

🖍 **Dibuja**

Haz un dibujo del lugar que diseñaste para el animal de zoológico.

Nombre _____

Revisión de la lección

Observa la imagen. ¿Qué cosas hay en el bosque que son necesarias para que las plantas y los animales puedan vivir y crecer?

¿Puedes explicarlo?

Aprende en línea.

Encierra en un círculo lo que las plantas y los animales del bosque necesitan para vivir y crecer.

Lección 3 • ¿Dónde viven las plantas y los animales? 119

Autorrevisión

1

2

• Encierra en un círculo los seres vivos que encontrarías en un bosque. ▲ Traza una línea que una la planta y el lugar donde crece mejor.

120

3

4

■ Encierra en un círculo el animal que vive en un lugar seco donde hay muy poca lluvia. ☀ Traza una línea debajo de los animales que usarían un árbol como refugio.

Lección 3 • ¿Dónde viven las plantas y los animales?

Lección 4

¿De qué maneras las plantas y los animales cambian su medio ambiente?

Al final de esta lección, sabré cómo cambian el medio ambiente los seres vivos para obtener lo que necesitan.

Cambios que hacen las plantas y los animales

Aprende en línea.

Las plantas y los animales cambian el medio ambiente para obtener lo que necesitan.

¿Puedes explicarlo?

Encierra en un círculo las imágenes en las que veas plantas o animales que cambian el medio ambiente para obtener lo que necesitan.

Lección 4 • ¿De qué maneras las plantas y los animales cambian su medio ambiente? **123**

Las plantas y los animales cambian el medio ambiente

Aprende en línea.

Las plantas cambian el medio ambiente para obtener lo que necesitan para vivir y crecer. Todos los seres vivos y los componentes no vivos que hay en un lugar forman el **medio ambiente**.

Encierra en un círculo las partes del medio ambiente que cambiaron.

Los animales cambian el medio ambiente para obtener lo que necesitan para vivir y crecer.

....
Encierra en un círculo las partes del medio ambiente que cambiaron.

Lección 4 • ¿De qué maneras las plantas y los animales cambian su medio ambiente? **125**

¿Cómo han cambiado estos animales el medio ambiente?

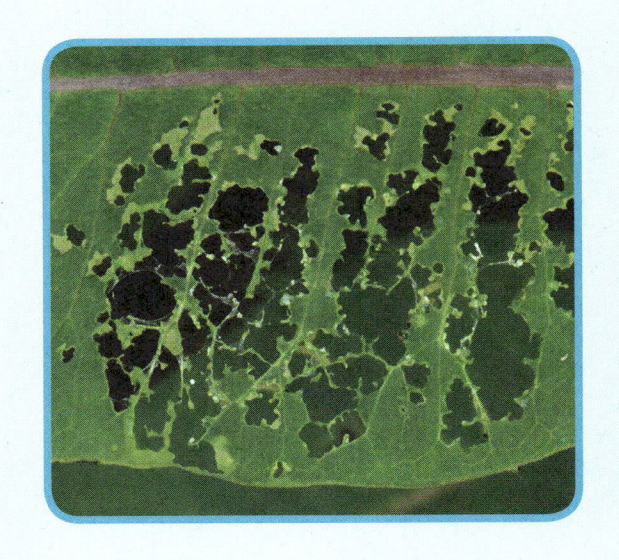

Aplica lo que sabes **Cuaderno de evidencias**

• Traza una línea que una el animal con el medio ambiente que cambió. ▲ Explica cómo la planta cambió el medio ambiente para obtener espacio. Anota las evidencias en tu Cuaderno de evidencias.

126

Cambios en todas partes

Los seres vivos dependen unos de otros. Esto es un sistema. A veces, los seres vivos cambian el medio ambiente.

Sistemas y modelos de sistemas Busca sugerencias en el manual en línea.

Encierra en un círculo los seres vivos que cambian el medio ambiente.

Lección 4 • ¿De qué maneras las plantas y los animales cambian su medio ambiente?   127

Aprende en línea.

Cuando haces una afirmación, dices algo que crees que es verdadero. Las evidencias justifican tu afirmación.

Usar evidencias para debatir Busca sugerencias en el manual en línea.

Aplica lo que sabes Cuaderno de evidencias

- Encierra en un círculo evidencias del cambio que hizo el caimán. ▲ Observa otros cambios. Haz una afirmación. Anota las evidencias. Comenta con tus compañeros.

Cambios en el medio ambiente

Aprende en línea.

Las personas pueden cambiar el medio ambiente para obtener lo que necesitan. Algunos de esos cambios no son buenos.

....

Encierra en un círculo la razón de que el aire esté sucio y no sea bueno para la salud.

Lección 4 • ¿De qué maneras las plantas y los animales cambian su medio ambiente? 129

Aprende en línea.

Nosotros podemos ayudar al medio ambiente. Levantar la basura es una forma de ayudar. Plantar árboles es otra forma de ayudar.

Aplica lo que sabes | **Cuaderno de evidencias**

- Encierra en un círculo a las personas que ayudan al medio ambiente. ▲ Haz un dibujo en el que muestres cómo las personas cambian el medio ambiente para obtener lo que necesitan. Presenta evidencias para explicar lo que las personas necesitaban y el cambio que hicieron.

Nombre _____

Actividad práctica

Ingeniería • Planea un parque

Aprende en línea.

Materiales

¿Cómo puedes diseñar un parque para plantas y animales?

Paso 1

Planea. Piensa en las plantas y los animales que vivirán allí.

Lección 4 • ¿De qué maneras las plantas y los animales cambian su medio ambiente? **131**

Paso 2

Diseña el parque. Incluye lo que haga falta para que las plantas y los animales obtengan lo que necesitan.

Paso 3

Presenta tu diseño. Explica por qué el parque les da a las plantas y a los animales lo que necesitan.

Haz una afirmación.	¿Qué evidencias tienes?

Un paso más

Aprende más en línea.
Ayudar a las plantas

Nos encantan las lombrices

Las lombrices hacen túneles en el suelo. Por esos túneles, entran el agua y el aire. Además, los túneles les dan espacio a las raíces de las plantas para que crezcan.

Práctica matemática

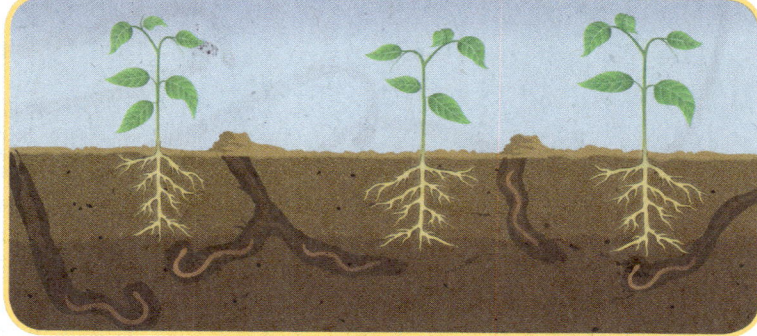

Contar y comparar Busca sugerencias en el manual en línea.

• Encierra en un círculo la parte del medio ambiente a la que ayudan las lombrices. ▲ Cuenta las lombrices. Encierra en un círculo la imagen con más lombrices.

Lección 4 • ¿De qué maneras las plantas y los animales cambian su medio ambiente? 133

Lee más sobre las lombrices

Lee, escribe y preséntalo

Proyecto de investigación Busca sugerencias en el manual en línea.

Túneles de hormigas

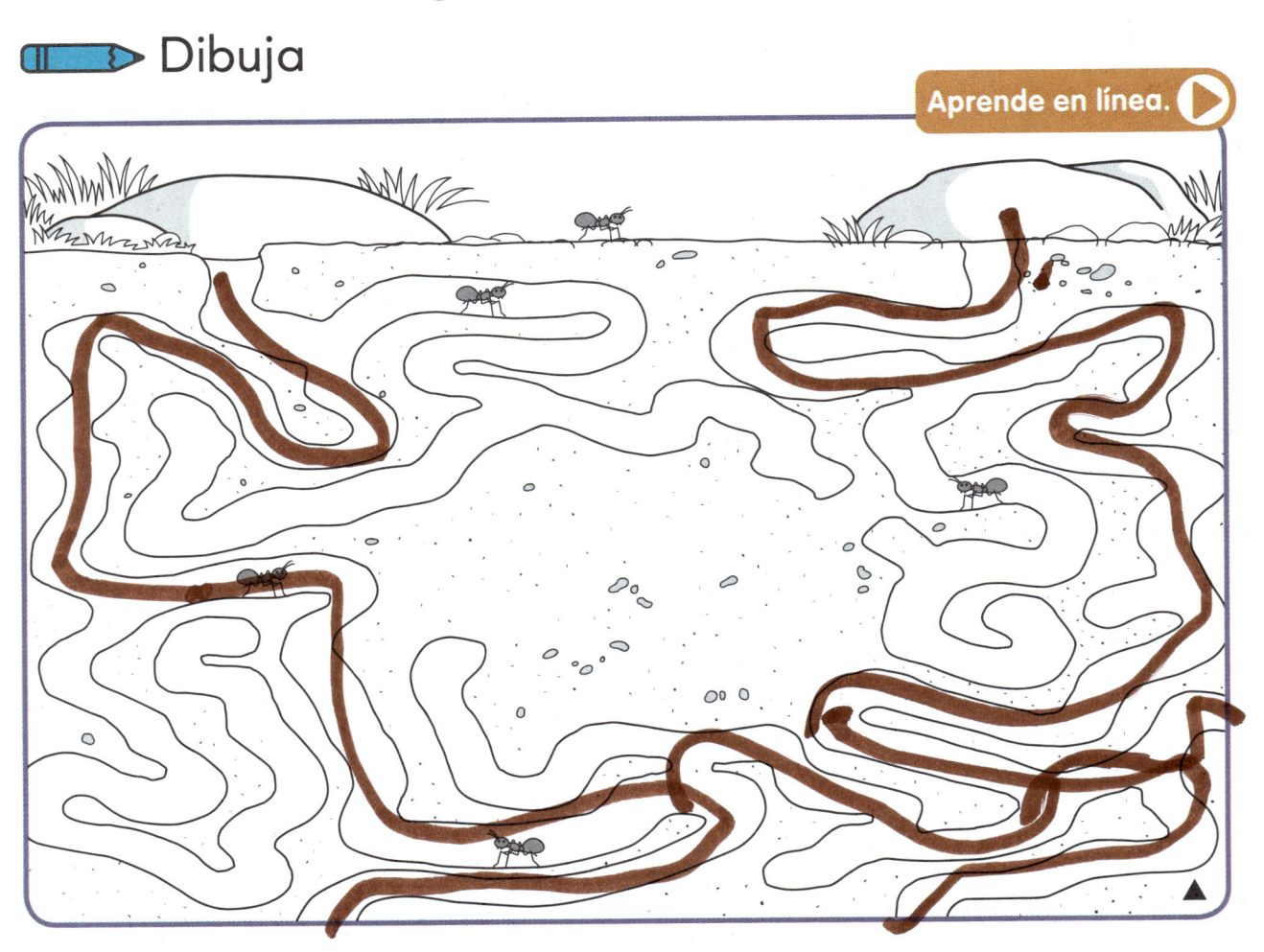

✏️ Dibuja

Aprende en línea.

¡Mira cuántos túneles de las hormigas! Los túneles dejan entrar el agua y el aire, y dan espacio a las raíces de las plantas.

• Haz una pregunta sobre las lombrices. Elige un libro para buscar la respuesta. ▲ Colorea el túnel que va desde el comienzo hasta el final del laberinto.

134

Nombre _____

Revisión de la lección

Aprende en línea.

Las plantas y los animales cambian el medio ambiente para obtener lo que necesitan.

¿Puedes explicarlo?

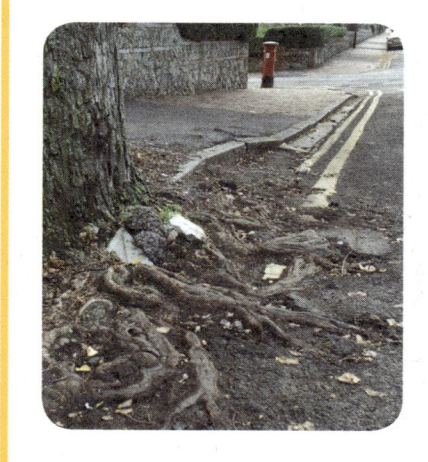

Encierra en un círculo las imágenes en las que veas plantas o animales que cambian el medio ambiente para obtener lo que necesitan.

Lección 4 • ¿De qué maneras las plantas y los animales cambian su medio ambiente? **135**

Autorrevisión

1

2

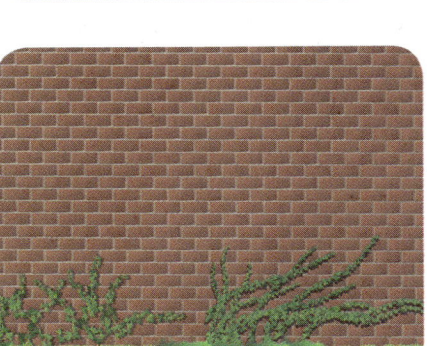

- Encierra en un círculo las imágenes en las que veas cómo las personas pueden dañar el medio ambiente. ▲ Traza una línea para unir las imágenes que muestran cómo las plantas cambiaron el medio ambiente.

3

4

■ Encierra en un círculo las imágenes que muestran cómo un animal cambió el medio ambiente.
☀ Numera las imágenes del 1 al 3 para indicar qué pasa primero, qué pasa después y qué pasa al final.

Lección 4 • ¿De qué maneras las plantas y los animales cambian su medio ambiente?   137

Unidad 3: Tarea del rendimiento
¿Las plantas necesitan aire?

Materiales
- 2 plantas pequeñas del mismo tipo
- vaselina
- agua
- papel cuadriculado

PASOS

Paso 1

Recubre las hojas de una planta con vaselina. No le hagas nada a la otra planta.

Paso 2

Pon las plantas en un lugar donde les dé el sol.

Paso 3

Riega las plantas día por medio.

Paso 4

Observa las plantas durante dos semanas. Dibuja lo que observaste. Muestra los dibujos a tus compañeros.

✓ Comprueba

_____ Puse vaselina en las hojas de una planta.

_____ Regué las plantas día por medio.

_____ Observé las plantas durante dos semanas.

_____ Dibujé lo que observé y lo comenté con los demás.

Unidad 3 • Plantas y animales

Unidad 3: Repaso

Nombre _____

1

2

3

• ¿Qué imagen muestra algo que necesitan tanto las plantas como los animales? Encierra en un círculo la imagen correcta.

▲ ¿Qué es lo que las plantas necesitan, pero los animales no? Encierra en un círculo la imagen correcta.

■ ¿En qué imagen ves algo que es diferente a las demás? Encierra en un círculo esa imagen.

140

4

5

• Traza una línea que una el animal con el lugar donde puede obtener lo que necesita.
• ¿Qué plantas y animales pueden obtener lo que necesitan en un bosque? Encierra en un círculo las imágenes correctas.

Unidad 3 • Plantas y animales   141

▲ ¿En qué imágenes ves cómo una planta cambió el medio ambiente? Encierra en un círculo esas imágenes.

■ ¿En qué imagen aparecen evidencias de que un caimán cambia el medio ambiente? Encierra en un círculo la imagen correcta.

☀ ¿En qué imágenes ves cómo las personas pueden ayudar al medio ambiente? Encierra en un círculo esas imágenes.

142

Unidad 4
El sol calienta la Tierra

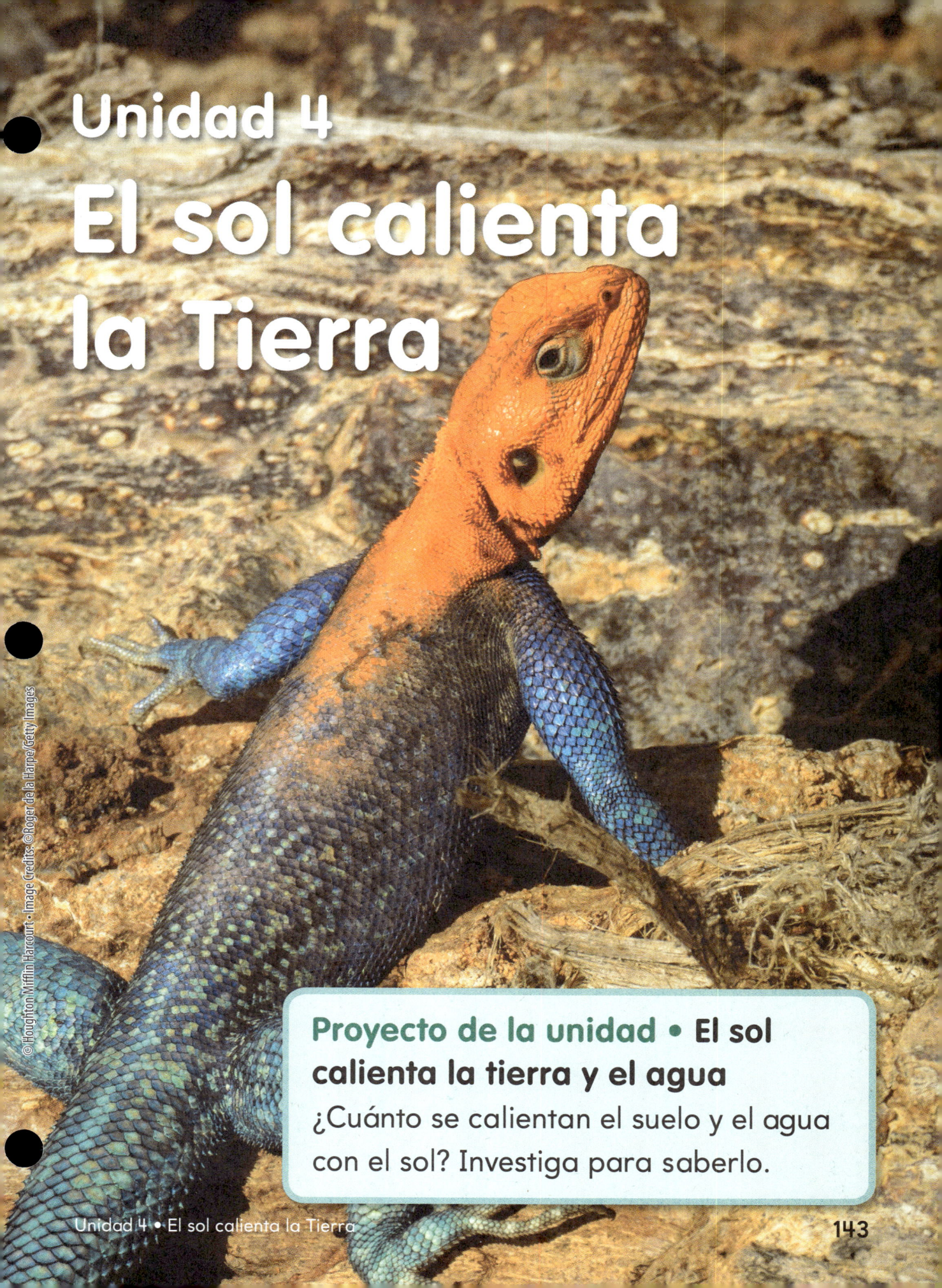

Proyecto de la unidad • El sol calienta la tierra y el agua
¿Cuánto se calientan el suelo y el agua con el sol? Investiga para saberlo.

Unidad 4 • El sol calienta la Tierra 143

Unidad 4: Vistazo

Lección 1
¿Cómo calienta el sol a la Tierra? 146

Lección 2
Ingeniería • ¿Cómo puedo protegerme del sol? 158

Repaso de la unidad 170

Vocabulario de la unidad

luz lo que nos permite ver (pág. 148)

calor hace las cosas más calientes (págs. 150, 160)

sombra lugar que está fresco porque está protegido del calor del sol (pág. 160)

Juego de vocabulario • Pistas de palabras

Materiales
- un set de tarjetas de palabras

Cómo se juega

1. Prepara las tarjetas.
2. Coloca las tarjetas boca abajo en un montón.
3. Un jugador toma la tarjeta de arriba y da pistas sobre la palabra.
4. El otro jugador intenta adivinar la palabra.

Lección 1

¿Cómo calienta el sol a la Tierra?

Al final de esta lección, podré explicar qué cosas calienta el sol en la Tierra.

El calor y la luz del sol

Observa el sol. ¿Qué cosas calienta el calor del sol?

Aprende en línea.

¿Puedes explicarlo?

Encierra en un círculo las cosas que calienta el sol en la Tierra.

Lección 1 • ¿Cómo calienta el sol a la Tierra?

La luz del sol

La **luz** es lo que nos permite ver. El sol da luz. La cantidad de luz del sol cambia durante el día. Eso es un patrón.

✏️ Dibuja

Causa y efecto Busca sugerencias en el manual en línea.

Observa la imagen. Dibuja cómo se verían las montañas durante el día.

148

Aplica lo que sabes Práctica matemática

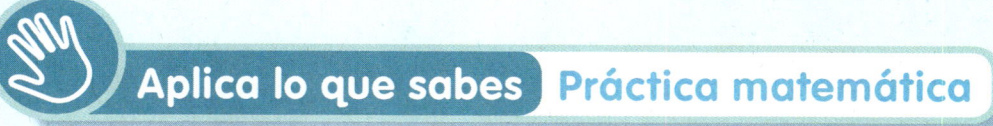

Comparar objetos Busca sugerencias en el manual en línea.

● Marca con una X la imagen que muestra lo que da luz para que podamos ver.
▲ Compara la linterna con el sol. Encierra en un círculo lo que da más luz.

Lección 1 • ¿Cómo calienta el sol a la Tierra? **149**

El calor del sol

Aprende en línea.

El sol calienta la tierra y el agua. El sol da calor. El **calor** hace las cosas más calientes. Hasta puede derretir el hielo.

Aplica lo que sabes Lee, escribe y preséntalo

Proyecto de escritura Busca sugerencias en el manual en línea.

• Encierra en un círculo el animal que se calienta en el sol.
▲ Escribe un cuento sobre un día soleado. Cuenta lo que haces en un día soleado.

Nombre _____

Actividad práctica
El calor del sol

Aprende en línea.

Materiales

¿Cómo afecta el calor del sol a la Tierra?

Paso 1

Coloca un vaso de guijarros en cada plato de cartón.

Paso 2

Pon uno de los platos al sol. Pon el otro plato a la sombra. Espera una hora.

Lección 1 • ¿Cómo calienta el sol a la Tierra?   151

Paso 3

Compara y anota cómo sientes los guijarros al tocarlos. Explica por qué pasó eso.

Guijarros al sol	Guijarros a la sombra

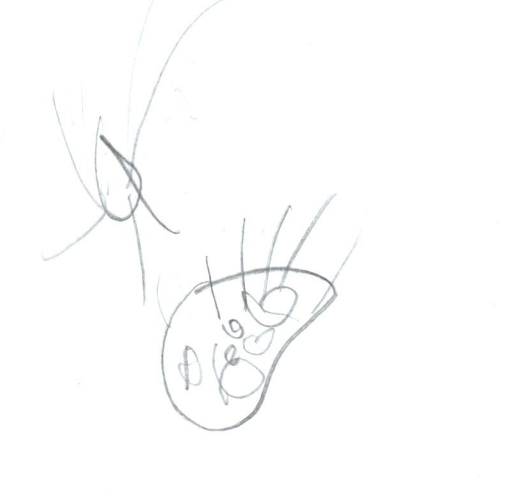

Haz una afirmación.   ¿Qué evidencias tienes?

152

Un paso más

Aprende más en línea.
Otras fuentes de luz

Personajes de las ciencias y la ingeniería • Galileo Galilei

Aprende en línea.

Galileo estudió el sol, las estrellas y otros objetos del cielo. Para observarlos, usó un telescopio.

En las investigaciones científicas, se usan distintos métodos Busca sugerencias en el manual en línea.

Encierra en un círculo la imagen de Galileo.

Lección 1 • ¿Cómo calienta el sol a la Tierra?   153

✏️ **Dibuja**

- Dibuja lo que crees que vio Galileo cuando miró por el telescopio. ▲ Encierra en un círculo la imagen de lo que usó Galileo para observar el cielo.

154

Revisión de la lección

Nombre _____

Observa el sol. ¿Qué cosas calienta el calor del sol?

Aprende en línea.

¿Puedes explicarlo?

Encierra en un círculo las cosas que calienta el sol en la Tierra.

Lección 1 • ¿Cómo calienta el sol a la Tierra? **155**

Autorrevisión

1

2

• Encierra en un círculo los lugares que puedes ver gracias a la luz del sol. ▲ Encierra en un círculo lo que te permite ver mejor durante el día.

156

3

4

■ Encierra en un círculo el vaso de agua que se calentará más rápido. ✸ Encierra en un círculo las imágenes de las cosas que el sol hace más calientes.

Lección 1 • ¿Cómo calienta el sol a la Tierra?   **157**

Lección 2

Ingeniería • ¿Cómo puedo protegerme del sol?

Al final de esta lección, podré explicar algunas maneras de protegernos del sol.

Problema del cajón de arena

Observa el área de juegos. ¿Cuál es el mejor lugar para construir un cajón de arena?

¿Puedes resolverlo?

Aprende en línea.

Marca con una X el lugar donde debería ir el cajón de arena.

Lección 2 • Ingeniería • ¿Cómo puedo protegerme del sol?

Calor, luz y sombra

El sol da luz y calor. El **calor** hace las cosas más calientes. La **sombra** es un área oscura que se forma cuando se bloquea la luz del sol.

Causa y efecto Busca sugerencias en el manual en línea.

Encierra en un círculo los lugares de la imagen donde hay sombra.

160

Práctica matemática

¿Qué árbol te protegería más del sol?

Comparar objetos Busca sugerencias en el manual en línea.

Aplica lo que sabes — **Cuaderno de evidencias**

- Encierra en un círculo el árbol que te protegería más del sol.
▲ Trabaja con un compañero. Dibuja o haz una lista de los lugares con sombra cerca de donde vives.

Lección 2 • Ingeniería • ¿Cómo puedo protegerme del sol?   161

Ingenieros trabajando

Los ingenieros pueden construir cosas que dan sombra para proteger a las personas del sol.

Aprende en línea.

Diseñar soluciones Busca sugerencias en el manual en línea.

Aplica lo que sabes **Cuaderno de evidencias**

• Encierra en un círculo la imagen de un patio protegido del sol. ▲ Bonnie va caminando a la escuela todos los días. El camino que toma no tiene nada de sombra. Trabaja con un compañero y busca dos soluciones para que Bonnie se proteja del sol. Dibujen sus ideas.

Nombre _____

Actividad práctica

Ingeniería • Diseña un refugio de sombra

Aprende en línea.

Materiales

¿Cómo puedo proteger del sol a la superficie terrestre?

Paso 1

Diseña y construye un refugio de sombra para proteger del sol a la superficie terrestre.

Paso 2

Coloca el refugio en un lugar soleado. Pon una piedra debajo del refugio. Pon la otra piedra al sol. Espera una hora.

Lección 2 • Ingeniería • ¿Cómo puedo protegerme del sol? 163

Paso 3

Toca las dos piedras y compáralas. Anota tus observaciones.

Haz una afirmación.

¿Qué evidencias tienes?

Un paso más

Aprende más en línea.
Impresión solar

Profesiones de las ciencias y la ingeniería •
Operario en una planta de energía solar

Aprende en línea.

Los paneles solares convierten la luz solar en electricidad. En una planta de energía solar, un operario se asegura de que los paneles funcionen.

Encierra en un círculo la imagen del operario en una planta de energía solar.

Lección 2 • Ingeniería • ¿Cómo puedo protegerme del sol? 165

Lee, escribe y preséntalo

✏️ Dibuja

Proyecto de investigación Busca sugerencias en el manual en línea. 💡

Escribe dos preguntas que tengas sobre los operarios de una planta de energía solar. Entre todos, busquen las respuestas en libros y en Internet. Dibuja lo que encontraron.

Nombre _____

Revisión de la lección

Observa el área de juegos. ¿Cuál es el mejor lugar para construir un cajón de arena?

¿Puedes resolverlo?

Aprende en línea.

....

Marca con una X el lugar donde debería ir el cajón de arena.

Lección 2 • Ingeniería • ¿Cómo puedo protegerme del sol?

Autorrevisión

1

2

• Jacob tiene calor y transpira. Marca con una X los lugares a los que puede ir para refrescarse.
▲ Encierra en un círculo las cosas que bloquean la luz del sol.

3

4

■ Numera las imágenes del 1 al 3 para ordenar los pasos de un diseño que proteja a los columpios del sol. ☀ Numera las imágenes del 1 al 3 para mostrar lo que le pasa a un vaso con hielo cuando se lo pone al sol.

Lección 2 • Ingeniería • ¿Cómo puedo protegerme del sol? **169**

Unidad 4: Tarea del rendimiento
Ingeniería • Construye un modelo de un refugio

Materiales
- tapa de una caja
- arena
- limpiapipas
- cartulina

PASOS

Paso 1
Define un problema Quieres construir un modelo de un refugio del sol para la playa.

Paso 2
Planea y construye Usa los materiales para construir un modelo de un refugio.

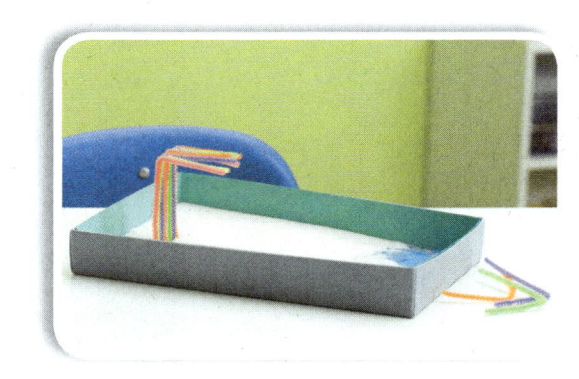

Paso 3
Pon a prueba y mejora Pon a prueba tu diseño. ¿El modelo sirve para protegerse del sol? ¿Cómo puedes mejorar tu diseño?

Paso 4

Modifica el diseño Mejora el refugio cambiando los materiales o la manera en que los usas.

Paso 5

Comunica Describe por qué el refugio sirve para protegerse del sol. Explica qué cosas mejoraste en el diseño.

✓ **Comprueba**

_____ Construí un modelo de un refugio que sirve para protegerse del sol.

_____ Puse a prueba mi modelo.

_____ Modifiqué el diseño para que el modelo dé más protección del sol.

_____ Les presenté mi diseño a los demás.

Unidad 4 • El sol calienta la Tierra

171

Unidad 4: Repaso

Nombre _____

1

2

3

• ¿Qué calienta la tierra y el agua del planeta? Encierra en un círculo la imagen correcta.
▲ ¿Qué verías si no hubiera nada de sol? Encierra en un círculo la imagen correcta.
■ ¿En qué imágenes hay evidencias de que el sol calienta la Tierra? Encierra en un círculo las imágenes correctas.

172

4

5

★ ¿En qué imágenes hay lugares a los que podrías ir para refrescarte? Encierra en un círculo las imágenes correctas.

● ¿Dónde pondrías hielo si quisieras que se derritiera rápidamente? Encierra en un círculo las imágenes correctas.

Unidad 4 • El sol calienta la Tierra 173

▲ Encierra en un círculo la imagen que tiene una X en todos los lugares que dan protección del sol.
■ Numera las imágenes del 1 al 3 para ordenar los pasos de un diseño que proteja la mesa de pícnic del sol.
☀ Traza una línea que una la imagen con poca luz solar con la misma imagen con mucha luz solar.

174

Unidad 5
El tiempo

Proyecto de la unidad •
Pronósticos del tiempo locales
¿Cuán preciso es el pronóstico del tiempo? Investiga para saberlo.

Unidad 5: Vistazo

Lección 1
¿Cómo podemos observar patrones en el tiempo? 178

Lección 2
¿Cómo podemos evaluar el tiempo? 194

Lección 3
Ingeniería • ¿Qué clases de mal tiempo hay? 208

Lección 4
Ingeniería • ¿Para qué nos sirve el pronóstico del tiempo? 224

Repaso de la unidad 238

Vocabulario de la unidad

patrón en el tiempo cambio en el tiempo que se repite (pág. 181)

estación época del año en la que el estado del tiempo tiene características determinadas (pág. 186)

temperatura cuánto calor o frío tiene algo (pág. 196)

mal tiempo tiempo muy tormentoso (pág. 210)

pronóstico del tiempo predicción acerca de cómo estará el tiempo (pág. 226)

Juego de vocabulario • Represéntalo

Materiales
- un set de tarjetas de palabras

Cómo se juega
1. Prepara las tarjetas. Colócalas en un montón.
2. Un jugador toma la primera tarjeta del montón.
3. El jugador representa la palabra.
4. El otro jugador adivina la palabra.

Lección 1

¿Cómo podemos observar patrones en el tiempo?

Al final de esta lección, podré describir distintas clases de tiempo y sus patrones.

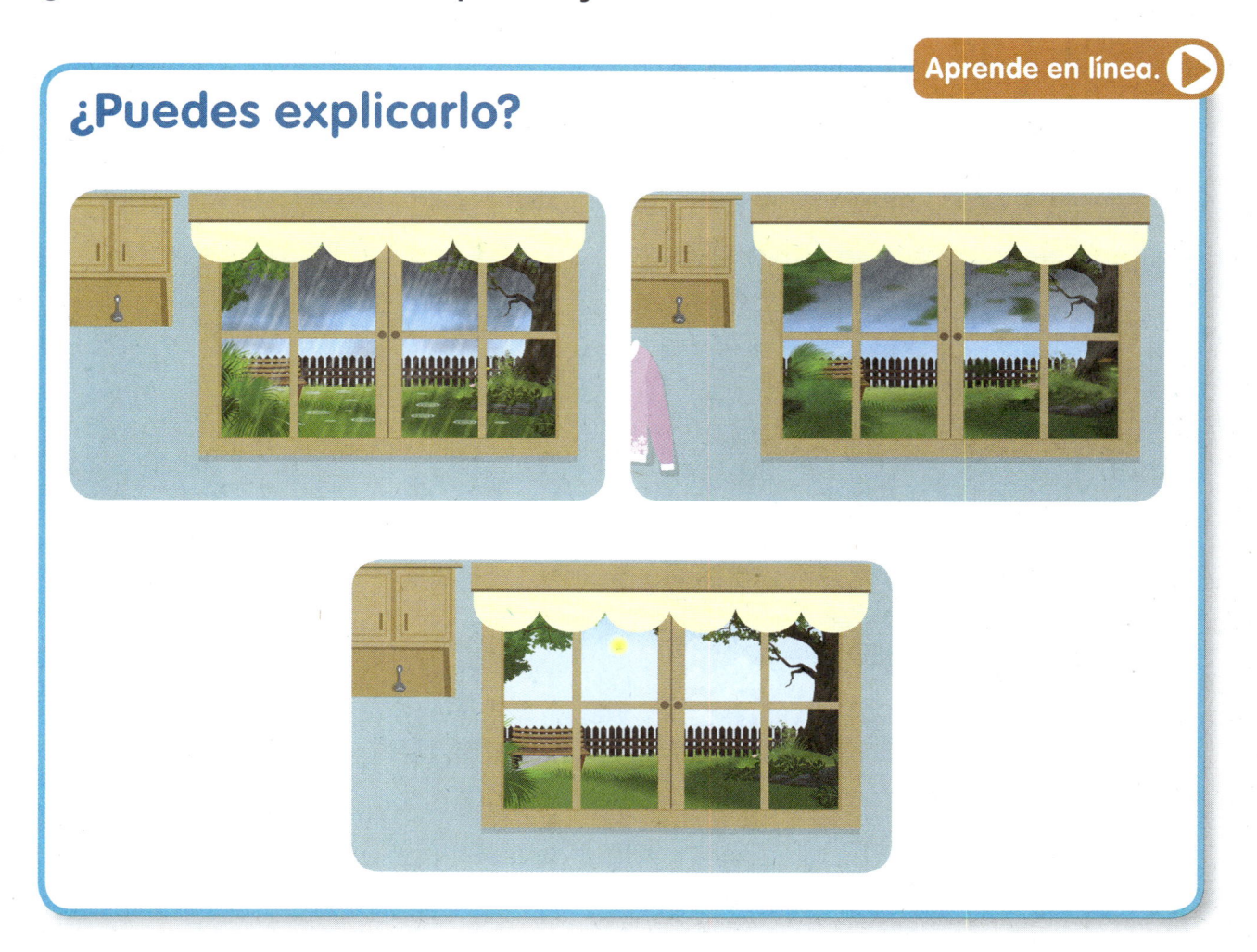

Clases de tiempo

El tiempo puede cambiar de un día al otro.
¿Cómo está el tiempo hoy?

¿Puedes explicarlo?

Aprende en línea.

....
Encierra en un círculo el mejor tiempo para un pícnic.

Lección 1 • ¿Cómo podemos observar patrones en el tiempo?

Distintas clases de tiempo

Aprende en línea.

soleado

lluvioso

ventoso

nevoso

Hay muchas clases de tiempo. ¿Cuántas conoces?

Aplica lo que sabes **Cuaderno de evidencias**

El conocimiento científico se basa en las evidencias empíricas Busca sugerencias en el manual en línea.

• Encierra en un círculo todas las imágenes que muestren clases de tiempo. ▲ Dibújate a ti mismo en un día frío o cálido. Usa evidencias para mostrar que usas ropa adecuada para el tiempo.

180

Patrones en el tiempo

Aprende en línea.

mañana

tarde

noche

Un **patrón en el tiempo** es un cambio en el tiempo que se repite. Puede estar fresco a la mañana, cálido a la tarde y fresco a la noche.

Patrones Busca sugerencias en el manual en línea.

Encierra en un círculo la imagen que muestra el momento más cálido del día.
Lección 1 • ¿Cómo podemos observar patrones en el tiempo?   181

Aprende en línea.

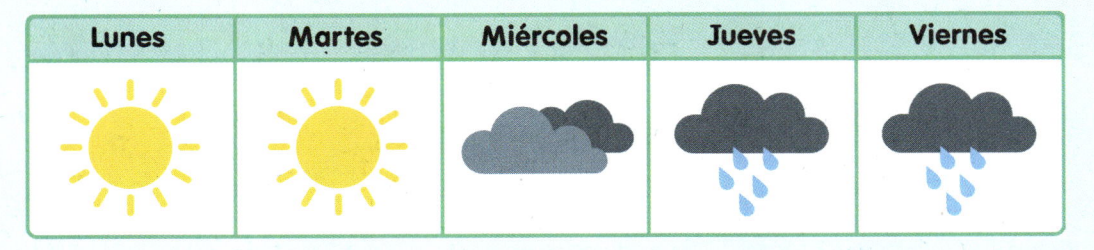

Lunes	Martes	Miércoles	Jueves	Viernes
☀️	☀️	☁️	🌧️	🌧️

Los días nublados suelen aparecer antes de los días lluviosos. Eso es un patrón.

Aplica lo que sabes Práctica matemática

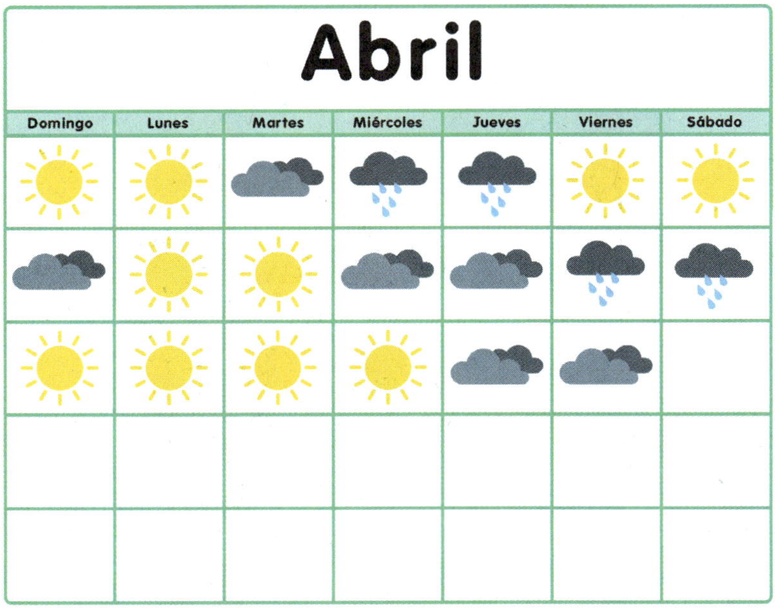

Abril

Domingo	Lunes	Martes	Miércoles	Jueves	Viernes	Sábado
☀️	☀️	☁️	🌧️	🌧️	☀️	☀️
☁️	☀️	☀️	☁️	☁️	🌧️	🌧️
☀️	☀️	☀️	☀️	☁️	☁️	

▲

Comparar objetos Busca sugerencias en el manual en línea.

• En el calendario de cinco días, encierra en un círculo los días que tengan un patrón de tiempo nublado o lluvioso. ▲ Observa el calendario del tiempo. Busca en revistas imágenes de ropa y zapatos que podrías usar este mes. Recórtalas y agrúpalas. Busca patrones en el tiempo. Asegúrate de justificar tu afirmación con evidencias.

Nombre _____

Actividad práctica
Observar patrones en el tiempo

Aprende en línea.

Materiales

¿Cómo cambia el tiempo en una semana?

Paso 1

Observa el tiempo todos los días durante una semana.

Paso 2

Toma nota del tiempo con dibujos en la tabla.

Lección 1 • ¿Cómo podemos observar patrones en el tiempo? **183**

Paso 3

Observa tu tabla. Explica los patrones en el tiempo que observaste.

Haz una afirmación.

¿Qué evidencias tienes?

184

Práctica matemática

Cuenta los días soleados. Cuenta los días lluviosos. ¿Cuál es la clase de tiempo que más aparece?

Mayo

Domingo	Lunes	Martes	Miércoles	Jueves	Viernes	Sábado
☀️	☀️	☁️	☀️	🌧️	☀️	☀️
☁️	☀️	☀️	☁️	☀️	🌧️	☀️
☀️	☀️	☁️	☀️	☁️	☁️	

Contar y comparar Busca sugerencias en el manual en línea.

Aplica lo que sabes **Cuaderno de evidencias**

• Encierra en un círculo la clase de tiempo que hubo más veces. ▲ Mira un pronóstico del tiempo. Describe los patrones que encuentres en el pronóstico. Comenta las predicciones del pronóstico. ¿Qué evidencias se usaron para hacer las predicciones?

Lección 1 • ¿Cómo podemos observar patrones en el tiempo?   185

Las estaciones

En primavera, el aire se vuelve más cálido. En algunos lugares, llueve mucho.

El verano es la estación más cálida. Tiene la mayor cantidad de horas de sol.

Una ==estación== es una época del año en la que el estado del tiempo tiene características determinadas. El año tiene cuatro estaciones.

Encierra en un círculo la estación con más horas de sol. Marca con una X la estación que más te guste. Asegúrate de explicar por qué te gusta más que otras para justificar tu afirmación con evidencias.

Aprende en línea.

El invierno es la estación más fría. Tiene la menor cantidad de horas de sol.

En otoño, el aire está más fresco. En muchos lugares, el otoño es una época muy ventosa.

Las cuatro estaciones son un patrón.

Subraya la estación con menos horas de sol. Observa las estaciones en las páginas 186 y 187. Encierra en un recuadro la estación en la que estamos ahora.

Lección 1 • ¿Cómo podemos observar patrones en el tiempo?   187

primavera

verano

otoño

invierno

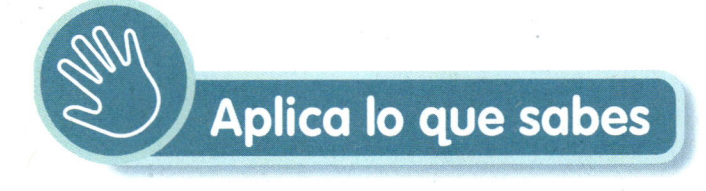

Aplica lo que sabes ▲

• Traza una línea que una la prenda con la estación en la que la usarías. ▲ Elige una estación. Representa algo que te guste hacer en esa estación.

Un paso más

Aprende más en línea.
Tiempo extremo

Profesiones de las ciencias y la ingeniería • Meteorólogo

Aprende en línea.

Los científicos que estudian el tiempo se llaman meteorólogos. Los meteorólogos estudian el tiempo y sus patrones.

Traza una línea debajo de las imágenes de un meteorólogo dando el pronóstico del tiempo.

Lección 1 • ¿Cómo podemos observar patrones en el tiempo? 189

Más sobre los meteorólogos
Lee, escribe y preséntalo

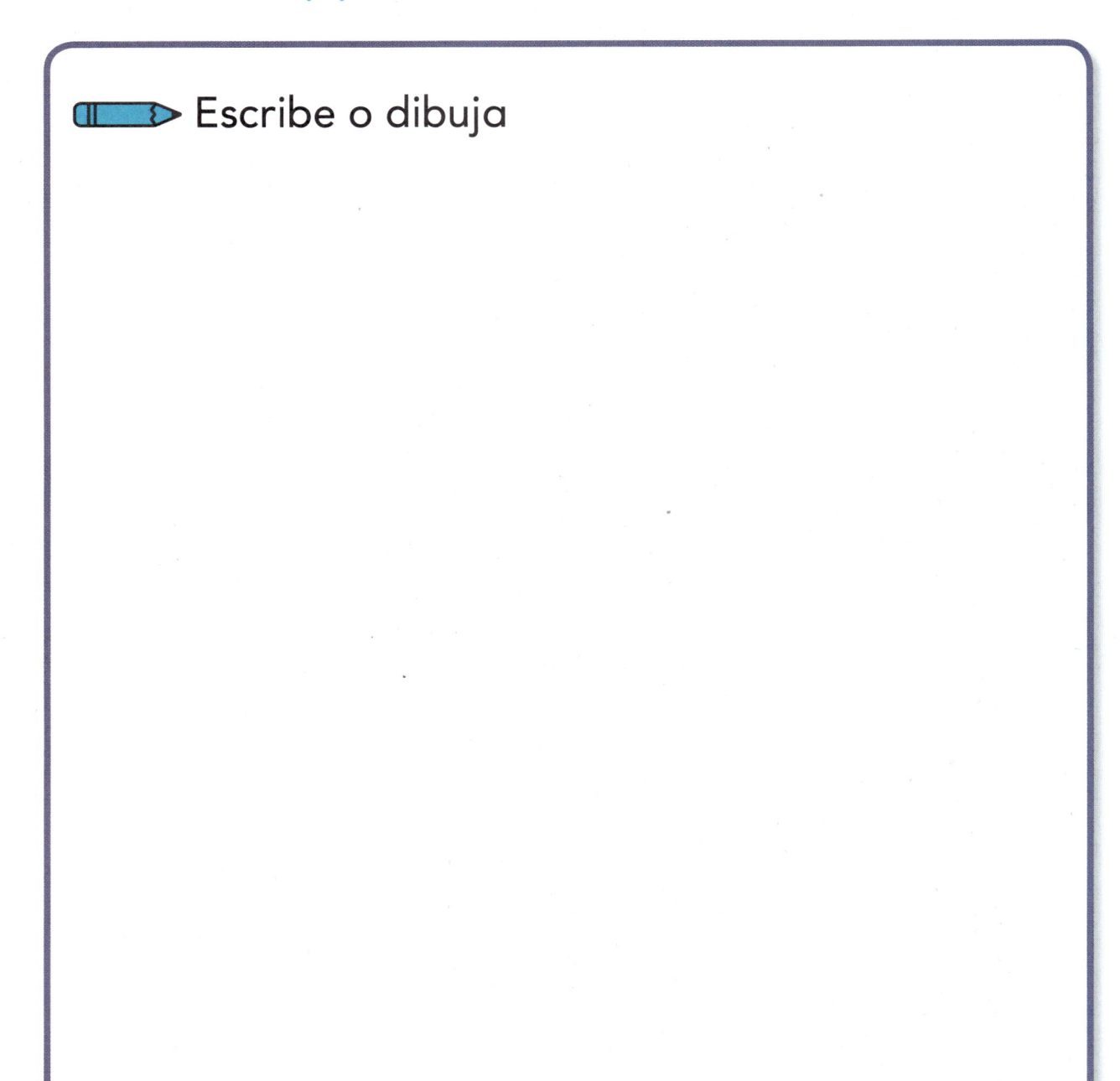

✏️ Escribe o dibuja

Proyecto de escritura • Informar y explicar Busca sugerencias en el manual en línea.

Escribe o dibuja lo que más te guste del trabajo de los meteorólogos. Explicá por qué eso les sirve a los meteorólogos para predecir el tiempo. Presenta evidencias para explicar tu respuesta.

Nombre _____

Revisión de la lección

El tiempo puede cambiar de un día al otro.
¿Cómo está el tiempo hoy?

Aprende en línea.

¿Puedes explicarlo?

Encierra en un círculo el mejor tiempo para un pícnic.

Lección 1 • ¿Cómo podemos observar patrones en el tiempo?

Autorrevisión

1

2

• Traza una línea desde el símbolo del tiempo hasta la imagen que le corresponde. ▲ Numera las estaciones del 1 al 4 para mostrar el orden. Escribe el número 1 para la primavera.

192

3

4

Lunes	Martes	Miércoles	Jueves	Viernes

■ Encierra en un círculo las imágenes que muestran algo que podrías ver cuando el tiempo está nublado o lluvioso. ☀ Encierra en un círculo el símbolo que coincide con el tiempo que más ves en el pronóstico.

Lección 1 • ¿Cómo podemos observar patrones en el tiempo? 193

Lección 2: ¿Cómo podemos evaluar el tiempo?

Al final de esta lección, podré explicar cómo evaluar el tiempo.

Evaluar el tiempo

¿Qué instrumento te sirve para saber si es un buen día para remontar una cometa?

¿Puedes resolverlo?

Encierra en un círculo el instrumento para evaluar el tiempo que te serviría para saber si es un buen día para remontar una cometa.

Lección 2 • ¿Cómo podemos evaluar el tiempo? **195**

Instrumentos para evaluar el tiempo

Aprende en línea.

termómetros

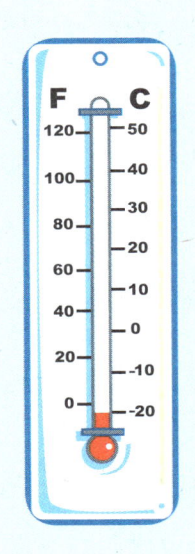

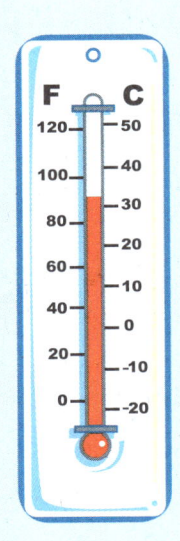

La **temperatura** indica cuánto calor o frío tiene algo. El termómetro mide la temperatura.

El pluviómetro mide cuánta lluvia ha caído.

pluviómetro ▲

• Encierra en un círculo el termómetro que muestra la temperatura más alta. ▲ Marca con una X el instrumento que mide cuánto llovió.

manga de viento

veleta

La manga de viento muestra si el día está ventoso. La veleta muestra en qué dirección sopla el viento.

Aplica lo que sabes | **Cuaderno de evidencias** ▲

Patrones Busca sugerencias en el manual en línea.

● Marca con una X el instrumento que muestra en qué dirección sopla el viento. ▲ Observa un termómetro. Luego, ponlo en un vaso de agua caliente y observa cómo cambia. Por último, pon el termómetro en un vaso de agua fría y obsérvalo. ¿Qué sucede?

Lección 2 • ¿Cómo podemos evaluar el tiempo?   197

Usar instrumentos para evaluar el tiempo

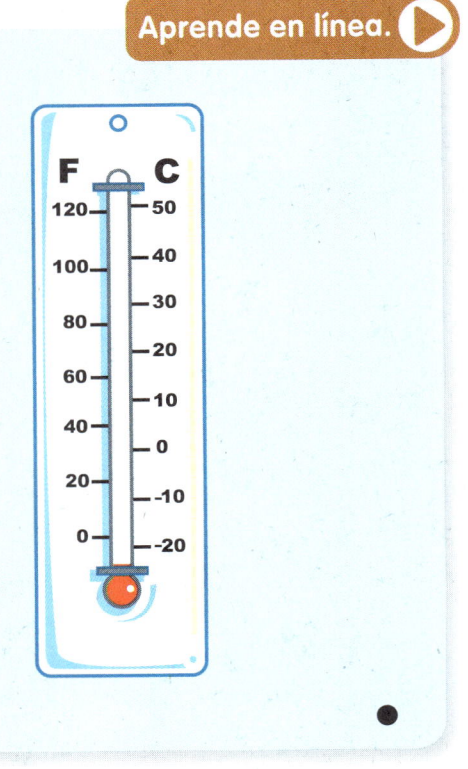

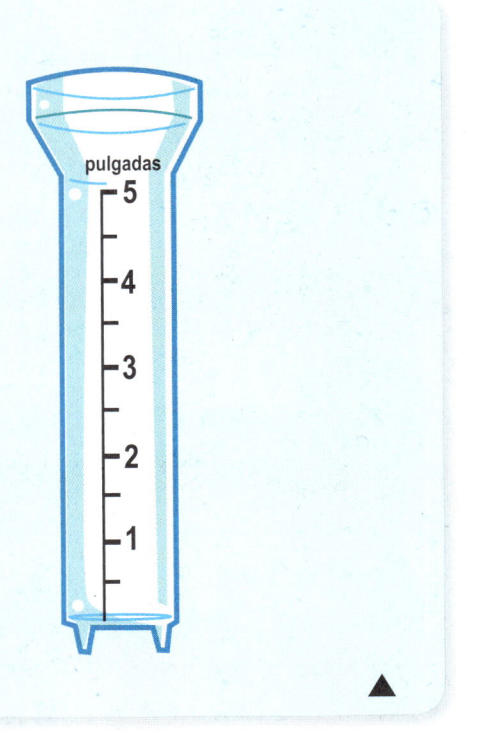

Aprende en línea.

- Colorea el termómetro para que muestre una temperatura alta. ▲ Pinta el pluviómetro para que muestre que cayeron dos pulgadas de lluvia.

198

Práctica matemática

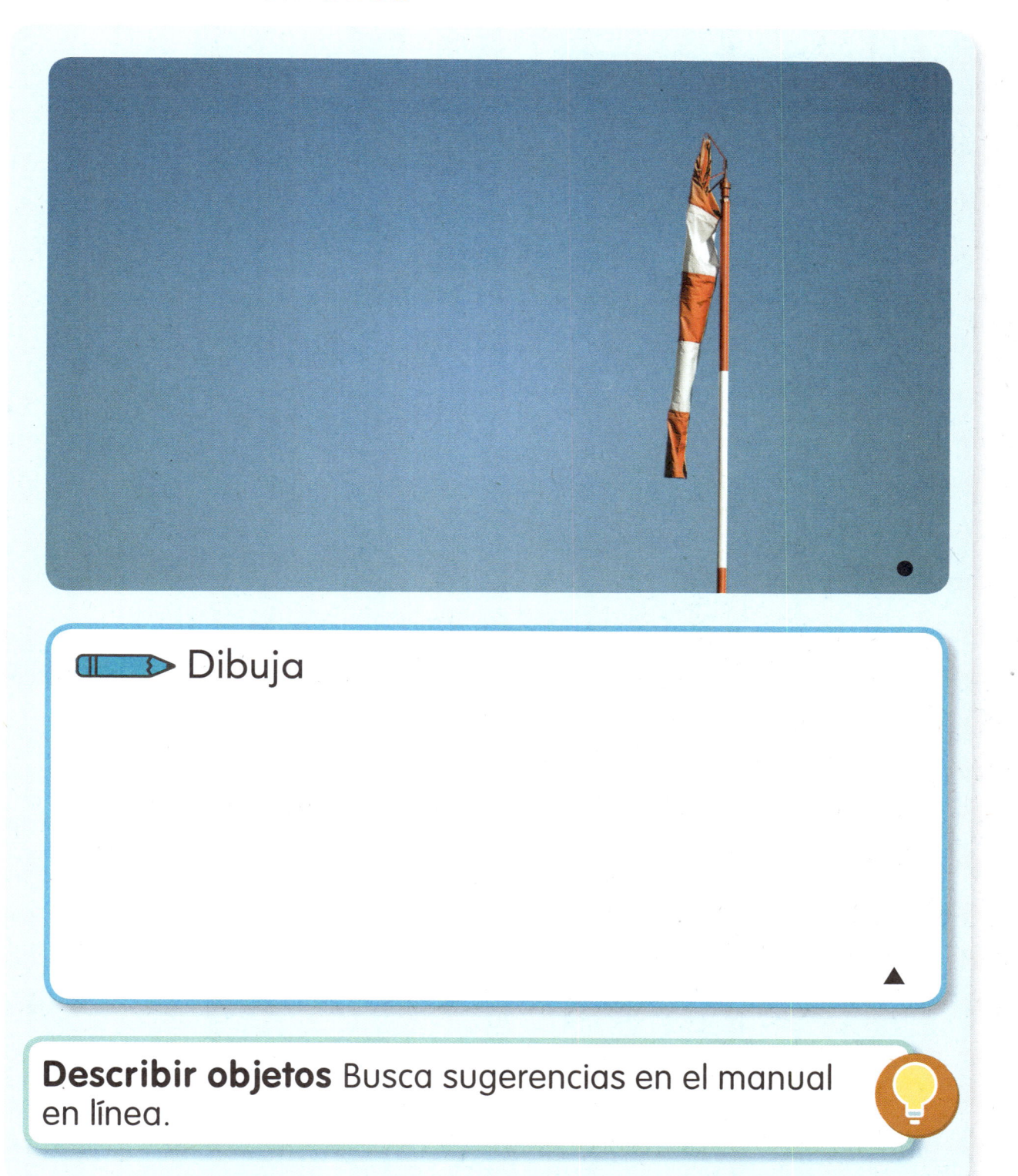

✏️ **Dibuja**

Describir objetos Busca sugerencias en el manual en línea.

• Encierra en un círculo la manga de viento en un día que no es ventoso. ▲ Dibuja una manga de viento en un día ventoso. Conversa con un compañero sobre tu manga de viento. Asegúrate de describirla de todas las maneras que puedas.

Lección 2 • ¿Cómo podemos evaluar el tiempo? **199**

Aplica lo que sabes — Práctica matemática

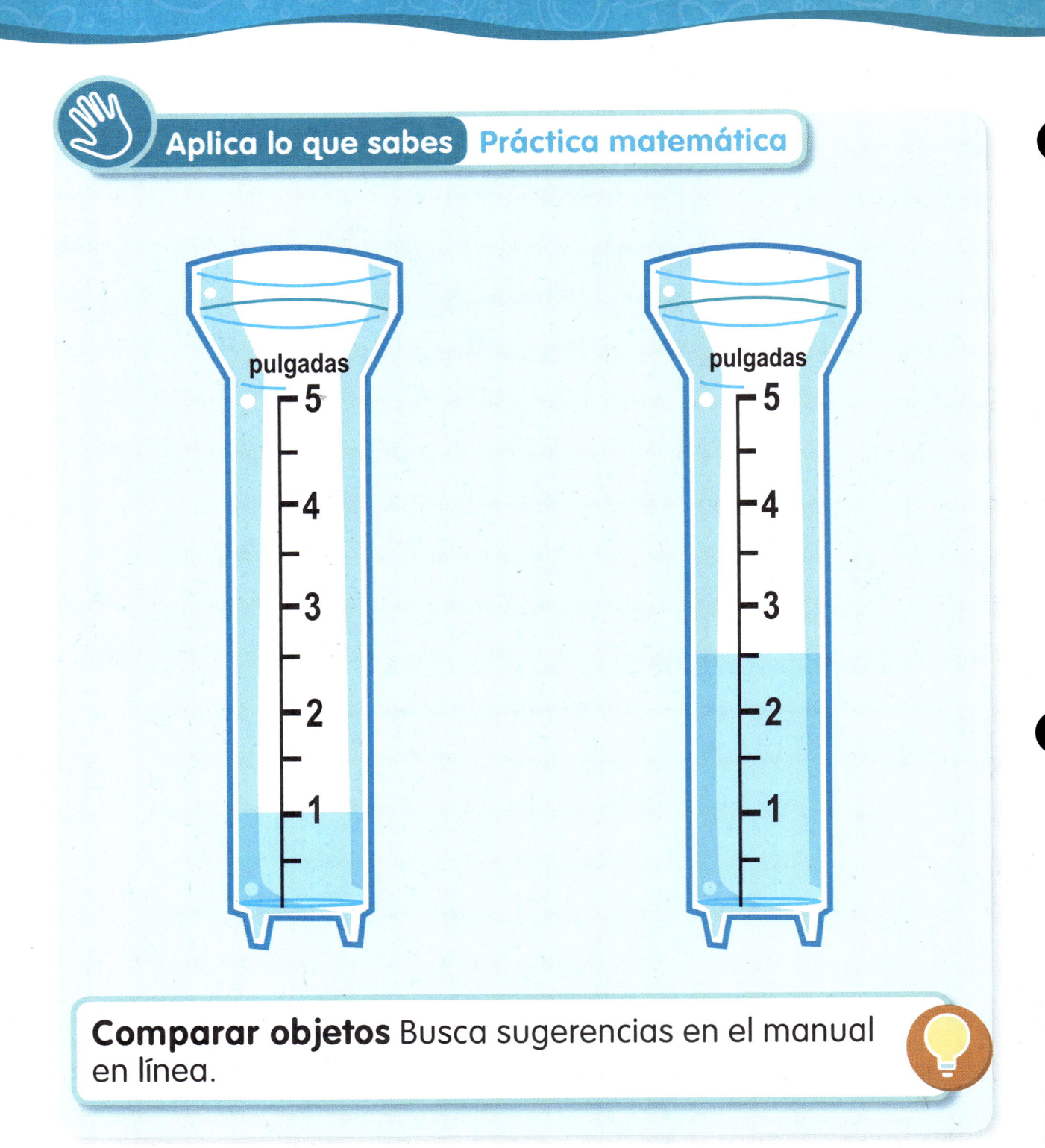

Comparar objetos Busca sugerencias en el manual en línea.

Encierra en un círculo el pluviómetro que tiene más agua.

Nombre _____

Actividad práctica
Evaluar el tiempo con instrumentos

Aprende en línea.

Materiales

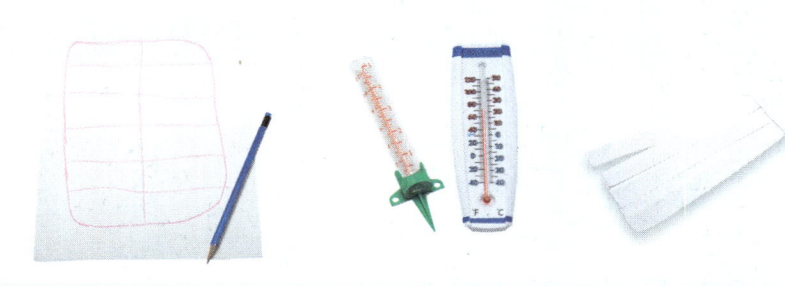

¿Cómo cambia el tiempo a lo largo de los días?

Paso 1

Usa los instrumentos para evaluar el tiempo todos los días durante dos semanas.

Paso 2

Anota las mediciones del tiempo en la tabla todos los días.

Lección 2 • ¿Cómo podemos evaluar el tiempo? 201

Paso 3

Explica los patrones en el tiempo que observaste. Haz predicciones para los próximos tres días.

Haz una afirmación.

¿Qué evidencias tienes?

Un paso más

Aprende más en línea.
Nubes

Personajes de las ciencias y la ingeniería• **June Bacon-Bercey**

Aprende en línea.

June Bacon-Bercey fue la primera meteoróloga mujer de la televisión. También fue maestra.

Encierra en un círculo la foto de June Bacon-Bercey

Lección 2 • ¿Cómo podemos evaluar el tiempo? **203**

Meteorólogo por un día
Lee, escribe y preséntalo

✏️ Dibuja

Escribir para informar Busca sugerencias en el manual en línea.

Haz un informe del tiempo de hoy. Haz dibujos que muestren si está lluvioso, nublado, ventoso, nevoso o soleado.

Nombre _____

Revisión de la lección

¿Qué instrumento te sirve para saber si es un buen día para remontar una cometa?

¿Puedes resolverlo?

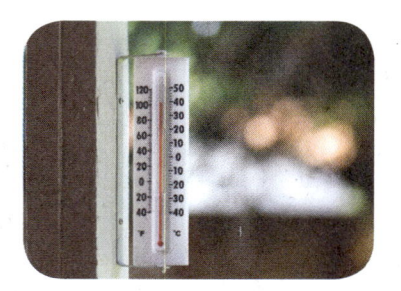

....

Encierra en un círculo el instrumento para evaluar el tiempo que te serviría para saber si es un buen día para remontar una cometa.

Lección 2 • ¿Cómo podemos evaluar el tiempo? 205

Autorrevisión

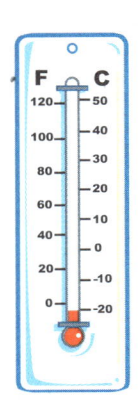

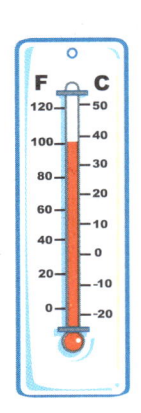

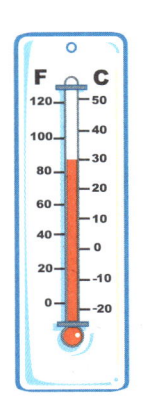

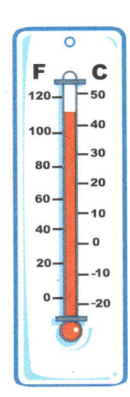

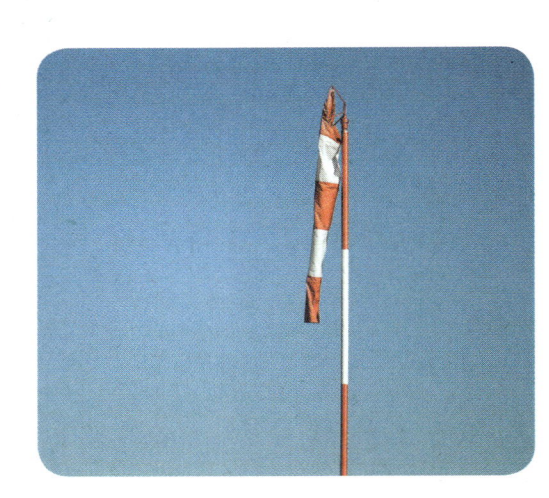

1

2

• Encierra en un círculo las imágenes que muestran un patrón de tiempo cálido. ▲ Encierra en un círculo la imagen que muestra un día ventoso.

206

3

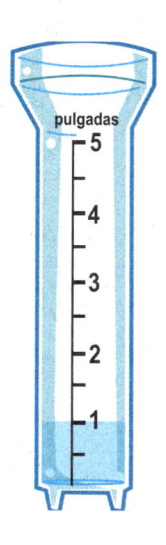

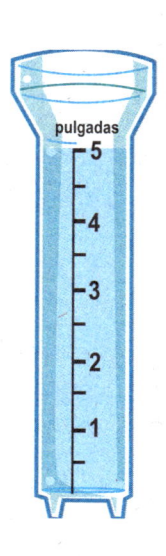

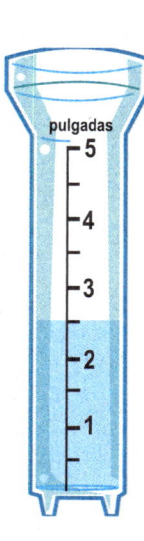

4

Lunes	Martes	Miércoles	Jueves	Viernes

■ Encierra en un círculo el pluviómetro que tiene la menor cantidad de lluvia. ☀ Dibuja en la tabla símbolos que muestren un patrón de tiempo lluvioso.

Lección 2 • ¿Cómo podemos evaluar el tiempo?   **207**

Lección 3 — Ingeniería • ¿Qué clases de mal tiempo hay?

Al final de esta lección, podré describir los patrones de distintas clases de mal tiempo.

El mal tiempo

Observa a los niños jugando.

Aprende en línea.

¿Por qué entraron?

¿Puedes explicarlo?

• Piensa en el tiempo cuando juegas al aire libre. ¿Qué podría hacerte entrar? ▲ Encierra en un círculo las imágenes que muestran la clase de mal tiempo que hizo a los niños irse del parque.

Lección 3 • Ingeniería • ¿Qué clases de mal tiempo hay? 209

Tormentas

El **mal tiempo** es tiempo muy tormentoso. Cuando hay tormenta, llueve mucho. También hay truenos y rayos. Las tormentas pueden ocurrir en lugares donde el tiempo es cálido.

Marca con una X las cosas que ocurren durante una tormenta.

Nombre _____

Actividad práctica

Ingeniería • Haz un modelo de un trueno

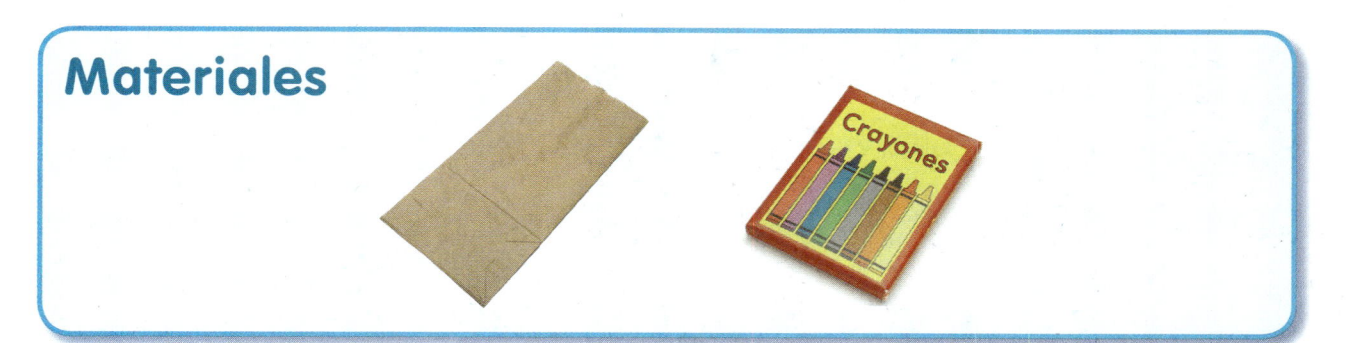

Aprende en línea.

Materiales

¿Qué ruido hace el trueno?

Paso 1

Piensa en alguna pregunta que tengas acerca de los truenos. Expresa tu pregunta con palabras o dibujos.

Paso 2

Pon la mano en forma de C y sujeta firmemente la bolsa de papel por la abertura. Ínflala como si fuera un globo.

Lección 3 • Ingeniería • ¿Qué clases de mal tiempo hay? 211

Paso 3

Mantén la bolsa bien cerrada y, con la otra mano, dale un golpe para que explote. Describe la causa del ruido que se oyó al explotar la bolsa. Describe en qué se parece ese ruido al de un trueno.

Haz una afirmación.	¿Qué evidencias tienes?

212

Aplica lo que sabes Práctica matemática

¿En cuántos días hubo tormenta?

Mayo

D	L	M	M	J	V	S

| 3 | 10 | 15 |

Conocer la serie numérica Busca sugerencias en el manual en línea.

Encierra en un círculo el número de días en los que hubo tormenta. Busca relámpagos y lluvia.

Lección 3 • Ingeniería • ¿Qué clases de mal tiempo hay? 213

Tormentas de invierno

Aprende en línea.

Las tormentas de invierno son una clase de mal tiempo. Durante una tormenta de invierno, el tiempo es frío. Puede estar helado. Puede caer nieve.

Las tormentas de invierno pueden ocurrir en lugares donde hace frío.

Causa y efecto Busca sugerencias en el manual en línea.

Encierra en un círculo la imagen de una tormenta de invierno con mucho hielo.

Evaluar y comunicar información Busca sugerencias en el manual en línea.

Aplica lo que sabes Lee, escríbelo y preséntalo

Escribir para informar Busca sugerencias en el manual en línea.

- Observa las imágenes. Escribe TI para tormenta de invierno. Escribe T para tormenta.
▲ Escribe un cuento sobre una tormenta de invierno. Presenta evidencias para justificar el cuento.

Lección 3 • Ingeniería • ¿Qué clases de mal tiempo hay?   215

Tornados

Aprende en línea.

Cuando se produce un tornado, hay vientos muy fuertes que dan vueltas y vueltas. Muchos tornados se producen cuando hay tormenta. Ocurren en lugares donde se mezcla aire frío con aire cálido.

Aplica lo que sabes Lee, escribe y preséntalo

Hacer preguntas Busca sugerencias en el manual en línea.

• Encierra en un círculo el tornado que toca el suelo. ▲ Piensa preguntas que tengas sobre los tornados. Trabaja con un compañero para responderlas. Comunica lo que has aprendido.

Huracanes

Aprende en línea.

Los huracanes ocurren cerca de los océanos. Pueden tener vientos y lluvias fuertes, y formar grandes olas.

Causa y efecto Busca sugerencias en el manual en línea.

Marca con una X la parte de la imagen donde se forma un huracán.

Lección 3 • Ingeniería • ¿Qué clases de mal tiempo hay? 217

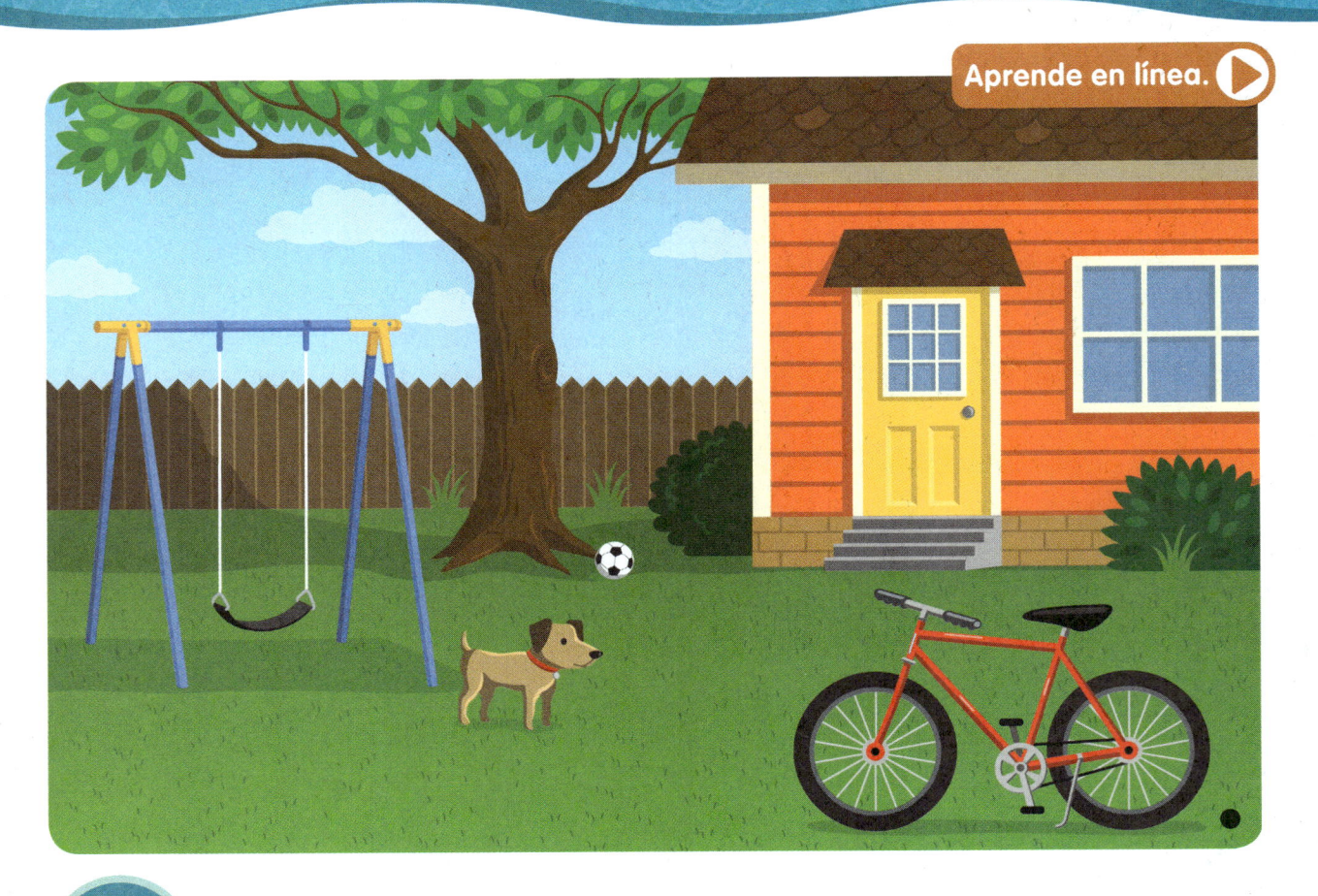

Aprende en línea.

Aplica lo que sabes Cuaderno de evidencias

Causa y efecto Busca sugerencias en el manual en línea.

• Encierra en un círculo los objetos que debes entrar cuando se acerca un huracán. ▲ ¿En qué se parecen y en qué se diferencian los huracanes y los tornados? Presenta evidencias para justificar tus ideas. Comenta tus ideas con un compañero.

218

Un paso más

Aprende más en línea.
Haz un tornado

Tormentas de polvo

Aprende en línea.

Las tormentas de polvo ocurren en desiertos y en lugares llanos y secos. Los vientos fuertes hacen que se forme una gran nube de arena y tierra.

Marca con una X la parte de la imagen donde parece que está por comenzar una tormenta de polvo.

Lección 3 • Ingeniería • ¿Qué clases de mal tiempo hay? **219**

Dibuja

Haz un dibujo de cómo se verá la ciudad luego de una tormenta de polvo.

Nombre _____

Revisión de la lección

Observa a los niños jugando.

Aprende en línea. ▶

¿Por qué entraron?

¿Puedes explicarlo?

- Piensa en el tiempo cuando juegas al aire libre. ¿Qué podría hacerte entrar?
▲ Encierra en un círculo las imágenes que muestren la clase de mal tiempo que hizo a los niños irse del parque.

Lección 3 • Ingeniería • ¿Qué clases de mal tiempo hay?

Autorrevisión

1

2

• Maggie vio un tornado cerca de su casa. Encierra en un círculo la imagen que muestra lo que vio Maggie. ▲ Jessie tomó fotos de una tormenta de invierno. Numera las imágenes para mostrar lo que ocurrió al principio, en el medio y al final de la tormenta de invierno.

3

4

● Encierra en un círculo la imagen que muestra la clase de mal tiempo que hay en las aguas cálidas del océano. ★ Encierra en un círculo las clases de mal tiempo que incluyen vientos fuertes.

Lección 3 • Ingeniería • ¿Qué clases de mal tiempo hay? **223**

Lección 4: Ingeniería • ¿Para qué nos sirve el pronóstico del tiempo?

Al final de esta lección, podré explicar cómo hay que prepararse para el mal tiempo.

Prepararse para el mal tiempo

Aprende en línea.

Las cosas que están sobre la mesa irán dentro de la mochila. ¿Qué tienen en común esas cosas?

¿Puedes explicarlo?

| te mantienen a salvo | te hacen reír |

¿Para qué te servirían esas cosas si hay mal tiempo? Encierra en un círculo tu respuesta.

Lección 4 • Ingeniería • ¿Para qué nos sirve el pronóstico del tiempo?

Pronóstico del tiempo

El **pronóstico del tiempo** es una predicción acerca de cómo estará el tiempo.

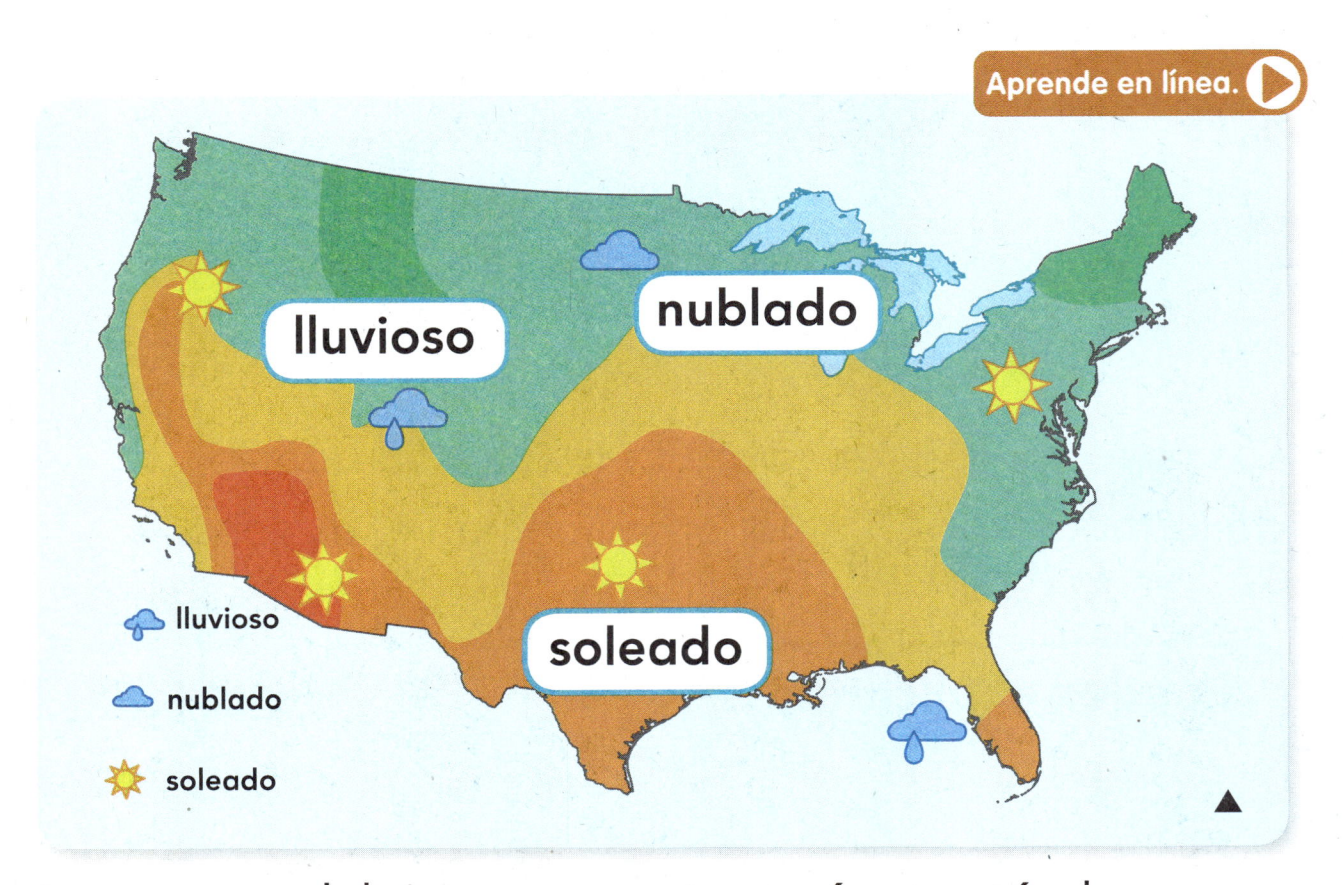

lluvioso

nublado

soleado

- lluvioso
- nublado
- soleado

Los mapas del tiempo muestran cómo está el tiempo en muchos lugares.

● Encierra en un círculo al meteorólogo que está dando el pronóstico del tiempo. ▲ Traza una línea debajo de los símbolos que indican lluvia.

226

Práctica matemática

Observa el tiempo en el calendario. Cuenta los días soleados de cada mes. ¿Qué mes tiene más días soleados?

Contar Busca sugerencias en el manual en línea.

Aplica lo que sabes Lee, escribe y preséntalo ▲

Hacer preguntas Busca sugerencias en el manual en línea.

● Encierra en un círculo el calendario que tiene más días soleados. ▲ Piensa una pregunta para un meteorólogo. Busca la respuesta en libros y en Internet. Comenta lo que has aprendido con tus compañeros.

Lección 4 • Ingeniería • ¿Para qué nos sirve el pronóstico del tiempo? 227

Prepararse para el tiempo

Aprende en línea.

lluvioso
nublado
soleado

María quería saber cómo iba a estar el tiempo. Entonces, miró un mapa del tiempo para averiguarlo.

Encierra en un círculo la parte del mapa que muestra cómo supo María que debía llevar el paraguas.

sirena

teléfono celular

7:28
Martes 11 de febrero

⚠ **Alerta de emergencia**
Se ha emitido una alerta meteorológica en su área. Para actualizaciones, sintonice las noticias locales.

TV

Las alertas meteorológicas se envían de muchas formas. Sirven para que nos preparemos para el mal tiempo.

Encierra en un círculo la alarma de mal tiempo para un huracán.

Lección 4 • Ingeniería • ¿Para qué nos sirve el pronóstico del tiempo? 229

Aprende en línea. ▶

Podemos prepararnos para el mal tiempo de muchas formas. Cada una de ellas nos sirve para protegernos.

✋ Aplica lo que sabes Cuaderno de evidencias ▲

Influencia de la tecnología Busca sugerencias en el manual en línea.

• Marca con una X la imagen que muestra una forma de protegerse la cabeza cuando hay mal tiempo. ▲ ¿Qué pasaría si no tuviéramos tecnología para predecir el tiempo? Usa imágenes y palabras como evidencias para justificar tu respuesta.

230

Nombre _____

Actividad práctica
Planea un kit de seguridad para el mal tiempo

Aprende en línea.

Materiales

¿Qué debe tener un kit de seguridad para el mal tiempo?

Paso 1

Haz preguntas sobre cómo variarían los kits de seguridad según la clase de mal tiempo.

Paso 2

Elige una clase de mal tiempo. Averigua qué debe prepararse con anticipación.

Lección 4 • Ingeniería • ¿Para qué nos sirve el pronóstico del tiempo? 231

Paso 3

Dibuja lo que encontraste.

Paso 4

Planea lo que incluirías en tu kit para esa clase de tiempo.

Haz una afirmación.

¿Qué evidencias tienes?

Un paso más

Aprende más en línea.
Animales sorprendentes

Instrumentos para predecir el tiempo

Aprende en línea.

Los meteorólogos usan instrumentos para reunir información sobre el tiempo. Luego, usan esa información para predecir el tiempo.

Influencia de la tecnología Busca sugerencias en el manual en línea.

Encierra en un círculo el satélite que reúne información sobre el tiempo.

Lección 4 • Ingeniería • ¿Para qué nos sirve el pronóstico del tiempo? **233**

Instrumentos para evaluar el tiempo

Piensa en las imágenes. Hay muchos instrumentos que sirven para buscar patrones en el tiempo. ¿En qué imágenes se ve un instrumento que sirve para predecir el tiempo?

Encierra en un círculo las imágenes en las que se ve un instrumento que sirve para predecir el tiempo.

234

Nombre _____

Revisión de la lección

Aprende en línea. ▶

Las cosas que están sobre la mesa irán dentro de la mochila. ¿Qué tienen en común esas cosas?

¿Puedes explicarlo?

| te mantienen a salvo | te hacen reír |

¿Para qué te servirían esas cosas si hay mal tiempo? Encierra en un círculo tu respuesta.

Lección 4 • Ingeniería • ¿Para qué nos sirve el pronóstico del tiempo? 235

Autorrevisión

1

Lunes	Martes	Miércoles	Jueves	Viernes
❄	❄	❄	❄	❄

Lunes	Martes	Miércoles	Jueves	Viernes
🌧	🌧	🌧	🌧	🌧

2

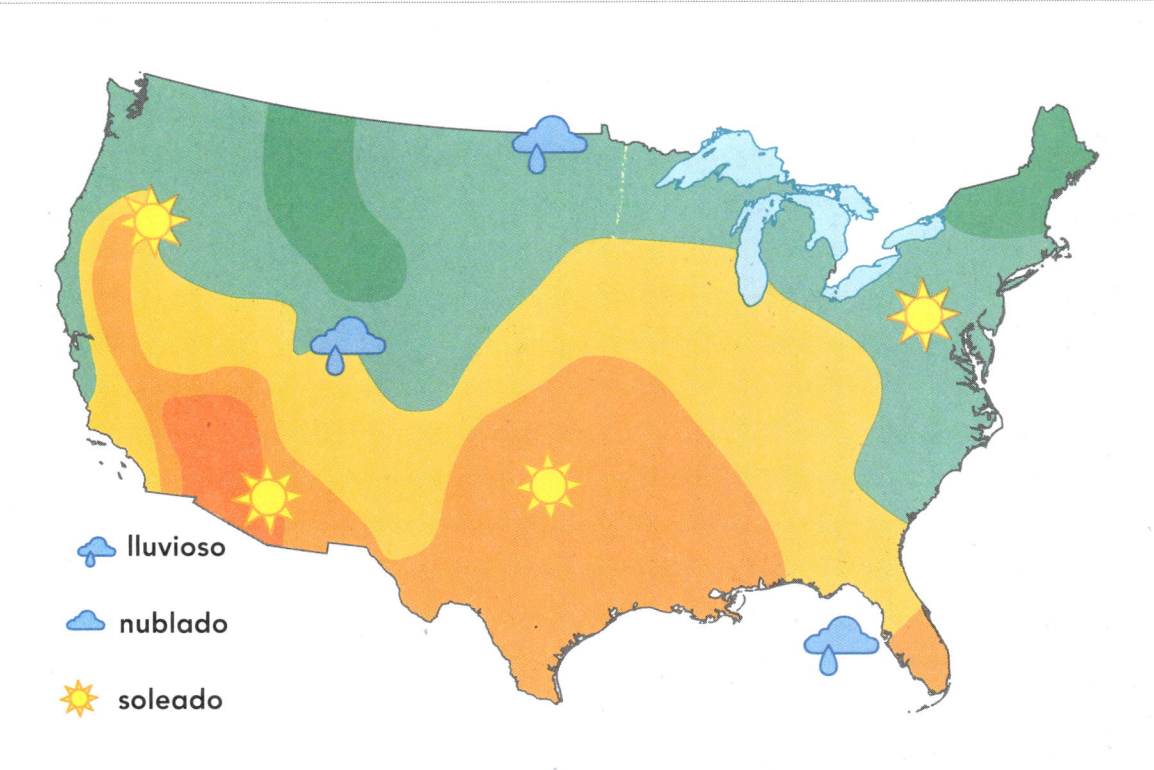

🌧 lluvioso
☁ nublado
☀ soleado

• Traza una línea desde el tiempo hasta las cosas que necesitarías. ▲ Encierra en un círculo los lugares del mapa donde hay sol.

236

3

4

El pronóstico del tiempo anunció lluvia y altas temperaturas. Encierra en un círculo las imágenes en las que se ve lo que Olivia debería llevar a la escuela. ☀ Encierra en un círculo la clase de tiempo en el que podrías necesitar un kit de seguridad para el mal tiempo.

Lección 4 • Ingeniería • ¿Para qué nos sirve el pronóstico del tiempo? 237

Unidad 5: Tarea del rendimiento
Temperaturas que cambian

Materiales
- termómetro
- crayón

PASOS

Paso 1

Coloca un termómetro al aire libre.

Paso 2

Lee la temperatura por la mañana. Anótala.

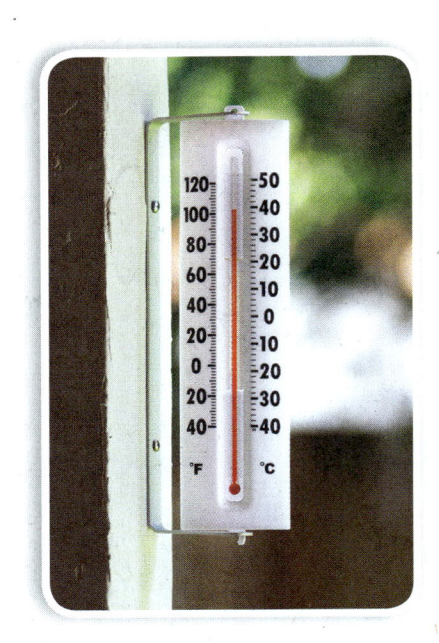

Paso 3

Lee y anota la temperatura por la tarde.

Paso 4

Haz lo mismo a la misma hora de la mañana y de la tarde durante cuatro días.

Paso 5

¿Observas algún patrón? Coméntalo con tus compañeros.

✔️ **Comprueba**

_____ Leí y anoté la temperatura cada mañana.

_____ Leí y anoté la temperatura cada tarde.

_____ Hice eso durante cuatro días.

_____ Comenté los resultados con mis compañeros.

Unidad 5: Repaso

Nombre _____

1

2

3

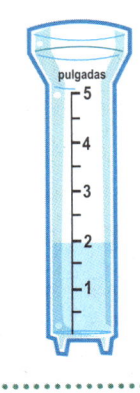

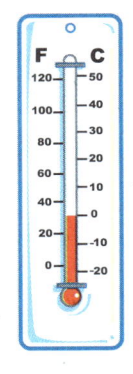

- ¿En qué imágenes se ve un día ventoso? Encierra en un círculo las imágenes correctas.
- ¿Qué ropa usarías en la estación más cálida? Encierra en un círculo la imagen correcta.
- ¿Qué instrumento para evaluar el tiempo te indicaría si hace tanto frío como para que nieve? Encierra en un círculo la imagen correcta.

4

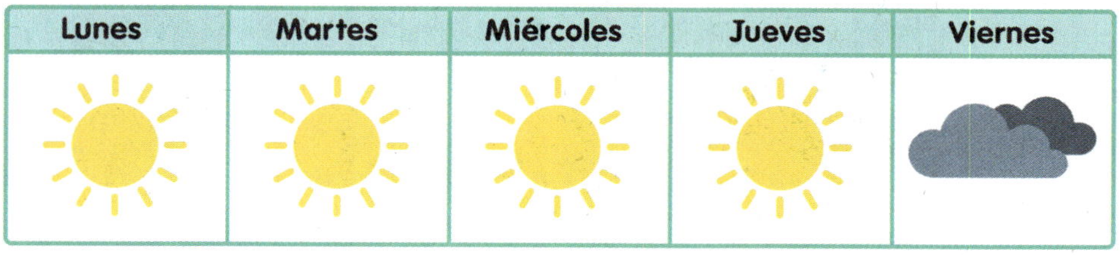

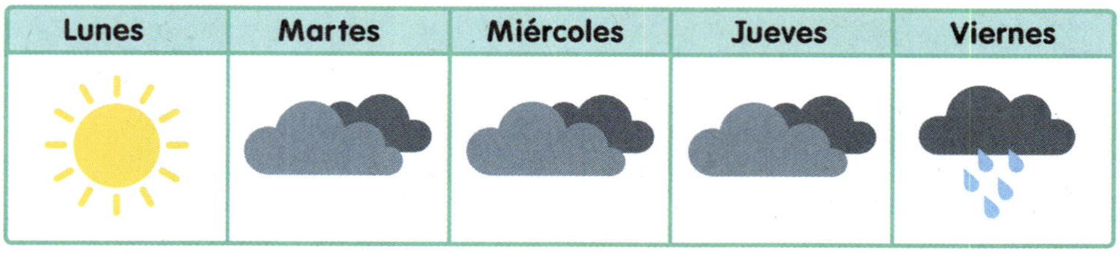

Lunes	Martes	Miércoles	Jueves	Viernes
🌧️	🌧️	🌧️	☁️	☀️

Lunes	Martes	Miércoles	Jueves	Viernes
☀️	☀️	☀️	☀️	☁️

Lunes	Martes	Miércoles	Jueves	Viernes
☀️	☁️	☁️	☁️	🌧️

5

☀ ¿En qué tabla del tiempo se ve un patrón de tiempo lluvioso? Encierra la tabla correcta en un círculo.

● ¿En qué imagen se ve mal tiempo que es frío, ventoso y nevoso? Encierra en un círculo la imagen correcta.

Unidad 5 • El tiempo 241

▲ ¿En qué imágenes se ve mal tiempo? Encierra en un círculo las imágenes correctas.

■ ¿En qué imágenes se ven cosas que podrías necesitar en una tormenta? Encierra en un círculo las imágenes correctas.

★ ¿En qué imágenes se ve algo que debería estar en un kit para el mal tiempo? Encierra en un círculo las imágenes correctas.

242

Unidad 6
Los recursos de la Tierra

Proyecto de la unidad • Reutilizar un cartón de leche

¿Cómo puedes reutilizar un cartón de leche? Investiga para saberlo.

Unidad 6: Vistazo

Lección 1
¿Qué son los recursos naturales?.................246

Lección 2
Ingeniería • ¿Cómo podemos cuidar los recursos naturales?...............262

Repaso de la unidad..............276

Vocabulario de la unidad

recurso natural las cosas de la naturaleza que usamos (pág. 248)

reducir usar menos de algo (pág. 266)

reutilizar volver a usar algo (pág. 268)

reciclar cambiar algo para convertirlo en algo nuevo (pág. 268)

Juego de vocabulario • Muestra la palabra

Materiales
- un set de tarjetas de palabras

Cómo se juega
1. Prepara las tarjetas.
2. Coloca las tarjetas boca abajo.
3. Un jugador toma una tarjeta y dibuja o representa la palabra.
4. El otro jugador adivina la palabra.

Lección 1: ¿Qué son los recursos naturales?

Al final de esta lección, podré explicar cómo usan las personas los recursos naturales.

Los recursos naturales

Muchos recursos provienen de la naturaleza. Las personas los usan de muchas maneras.

¿Puedes explicarlo?

Aprende en línea.

¿Qué recursos provienen de la naturaleza? Encierra en un círculo todos los recursos naturales.

Lección 1 • ¿Qué son los recursos naturales?

El aire

Aprende en línea.

El aire es un recurso natural. Forma parte de un sistema. Los **recursos naturales** son las cosas de la naturaleza que usamos.

Sistemas y modelos de sistemas Busca sugerencias en el manual en línea.

Colorea lo que el niño está llenando con aire.

248

Aprende en línea.

El aire está a nuestro alrededor. Las plantas y los animales necesitan aire. Usamos el aire de distintas maneras.

Aplica lo que sabes **Práctica matemática**

Conocer la serie numérica Busca sugerencias en el manual en línea.

● Encierra en un círculo los lugares en los que se usa el aire. ▲ ¿Cómo usas el aire? Una forma es mediante la respiración. Cuenta la cantidad de veces que respiras en 30 segundos.

Lección 1 • ¿Qué son los recursos naturales? **249**

El agua

Aprende en línea.

El agua es un recurso natural. La bebemos y la usamos para bañarnos. El agua forma parte de un sistema.

Sistemas y modelos de sistemas Busca sugerencias en el manual en línea.

Encierra en un círculo las personas que están usando agua.

¿Cómo se está usando el recurso natural agua?

Aplica lo que sabes | **Cuaderno de evidencias**

Desarrollar y usar modelos Busca sugerencias en el manual en línea.

• Encierra en un círculo las imágenes en las que veas que se usa agua. Traza una línea debajo de las personas que están usando aire. ▲ Haz un dibujo de un animal usando agua. Presenta evidencias para explicar por qué es importante que los animales usen agua.

Lección 1 • ¿Qué son los recursos naturales? 251

Las rocas

Aprende en línea.

Las rocas provienen de la tierra. Usamos rocas para construir cosas. Las rocas forman parte de un sistema.

✏️ **Dibuja**

▲

Sistemas y modelos de sistemas Busca sugerencias en el manual en línea.

- Encierra en un círculo las partes de la imagen que muestran una manera de usar rocas.
- ▲ Dibuja otra forma de usar rocas.

252

Aprende en línea.

Aplica lo que sabes | Lee, escribe y preséntalo ▲

Usar elementos visuales Busca sugerencias en el manual en línea.

● Colorea los lugares en lo que se usan rocas. ▲ Haz un dibujo de algo hecho con rocas. Presenta el dibujo. Describe cómo se usaron las rocas.

Lección 1 • ¿Qué son los recursos naturales?   253

El suelo

Aprende en línea.

El suelo es un recurso natural. Lo usamos para cultivar plantas. También lo usamos para hacer ladrillos. El suelo forma parte de un sistema.

Aplica lo que sabes

• Encierra en un círculo el recurso natural que se usa en cada imagen.
▲ Representa una manera en que las personas usan un recurso natural.

Nombre _____

Actividad práctica
Ladrillos de arcilla

Aprende en línea.

Materiales

¿Qué puedes hacer con arcilla?

Paso 1

Rellena cada cubo de la bandeja con arcilla.

Paso 2

Coloca la bandeja en un lugar soleado, cálido y seco. Espera a que la arcilla esté seca.

Lección 1 • ¿Qué son los recursos naturales? **255**

Paso 3

Quita la arcilla de la bandeja.

Paso 4

Usa los ladrillos de arcilla para construir algo.

Haz una afirmación.

¿Qué evidencias tienes?

Un paso más

Aprende más en línea.

Energía eólica

Personajes de las ciencias y la ingeniería •
Theodore Roosevelt

Aprende en línea.

Theodore Roosevelt fue presidente de nuestro país hace mucho tiempo. Quería proteger nuestros recursos naturales. Trabajó para cuidarlos.

Encierra en un círculo los recursos naturales que protegió Theodore Roosevelt.

Lección 1 • ¿Qué son los recursos naturales?

Lee, escribe y preséntalo

✏️ **Dibuja**

Usar elementos visuales Busca sugerencias en el manual en línea.

Desarrollar y usar modelos Busca sugerencias en el manual en línea.

Investiga sobre algún parque nacional o un bosque de tu estado. Dibuja un modelo de un parque o un bosque.

Nombre _____

Revisión de la lección

Muchos recursos provienen de la naturaleza.
Las personas los usan de distintas maneras.

Aprende en línea.

¿Puedes explicarlo?

¿Qué recursos provienen de la naturaleza? Encierra en un círculo todos los recursos naturales.

Lección 1 • ¿Qué son los recursos naturales? 259

Autorrevisión

1

2

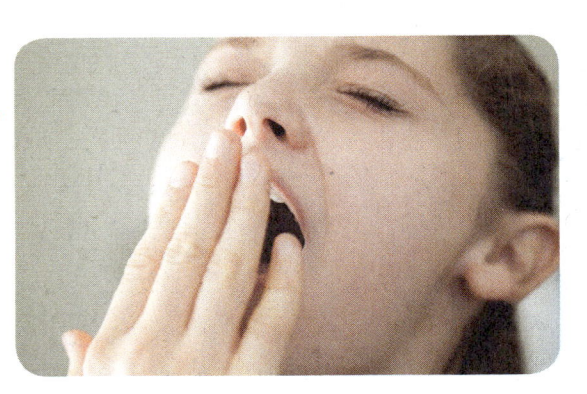

- Encierra en un círculo los recursos naturales. ▲ Encierra en un círculo las imágenes en las que hay personas que usan recursos naturales.

3

4

🟩 Encierra en un círculo los recursos naturales necesarios para cultivar tomates. ☀ Traza una línea desde el recurso natural hasta la imagen que muestra cómo se usa.

Lección 1 • ¿Qué son los recursos naturales? **261**

Lección 2

Ingeniería • ¿Cómo podemos cuidar los recursos naturales?

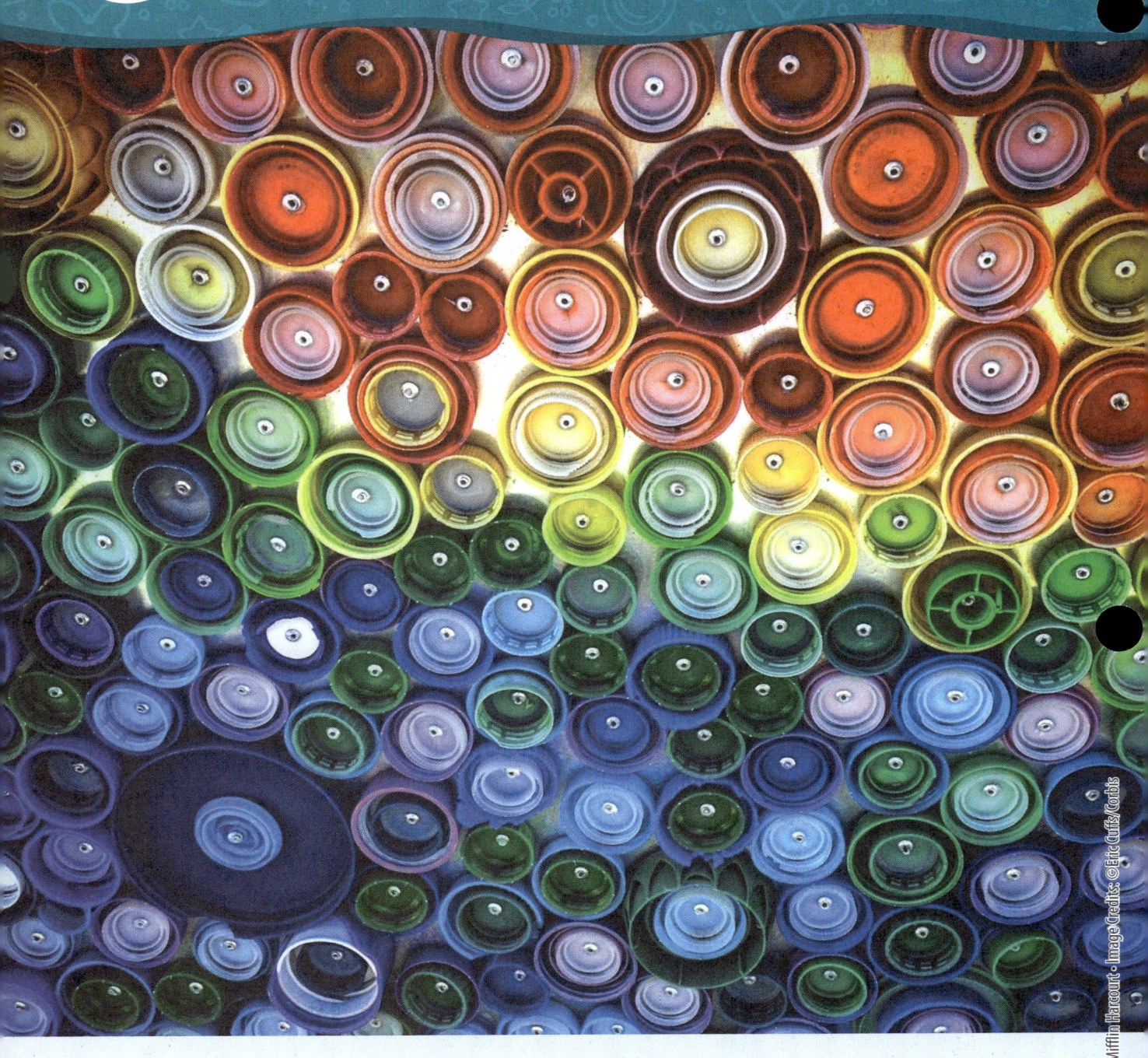

Al final de esta lección, podré explicar cómo podemos cuidar los recursos naturales.

Cuidar los recursos naturales

Se tiraba demasiada basura. ¿Cómo ayudaron los niños?

Aprende en línea.

¿Puedes resolverlo?

Encierra en un círculo las maneras en que los niños redujeron la cantidad de basura que se tiraba.

Lección 2 • Ingeniería • ¿Cómo podemos cuidar los recursos naturales? 263

Dañar los recursos naturales

Aprende en línea.

Las personas pueden dañar los recursos naturales. El humo puede dañar el aire. Las personas pueden cortar árboles.

Causa y efecto Busca sugerencias en el manual en línea.

Encierra en un círculo la parte de cada imagen en la que veas cómo se daña un recurso natural.

264

¿Cómo se está dañando el recurso natural?

Causa y efecto Busca sugerencias en el manual en línea.

Aplica lo que sabes

• Traza una línea que una el recurso natural y la manera en que se daña. ▲ ¿Cómo podemos dañar los recursos naturales? Haz una lista con un compañero de todas las maneras en las que las personas pueden dañar los recursos naturales.

Lección 2 • Ingeniería • ¿Cómo podemos cuidar los recursos naturales?

Reducir

Las personas pueden cuidar los recursos naturales. Pueden reducir lo que usan. **Reducir** significa usar menos de algo.

Encierra en un círculo la parte de cada imagen en la veas cómo alguien reduce la cantidad de recursos naturales que usa.

266

¿Cómo se pueden cuidar los recursos naturales?

Aplica lo que sabes — Lee, escribe y preséntalo

Escribir para informar Busca sugerencias en el manual en línea.

- Encierra en un círculo a los niños que cuidan los recursos naturales. ▲ Trabaja en grupo para crear un libro sobre cómo cuidar los recursos naturales.

Lección 2 • Ingeniería • ¿Cómo podemos cuidar los recursos naturales?   **267**

Reutilizar y reciclar

Aprende en línea.

Reutilizar es volver a usar algo. **Reciclar** es cambiar algo para convertirlo en algo nuevo.

Práctica matemática

Contar Busca sugerencias en el manual en línea.

Aplica lo que sabes Cuaderno de evidencias

- Encierra en un círculo la imagen en la que veas que algo se reutiliza.
- ▲ Observa la imagen. ¿Cuántas cosas se están reciclando? Escribe el número.
- ■ ¿Que podemos reciclar o reutilizar en casa? Escribe un plan. Usa las evidencias.

Nombre _____

Actividad práctica

Aprende en línea.

Ingeniería • ¿A dónde va nuestra basura?

Materiales

¿Qué sucede con la basura?

Paso 1

Entierra la lechuga, la servilleta y el vaso. Asegúrate de que todo esté cubierto con tierra.

Paso 2

Riega la tierra cada tres días durante dos semanas.

Lección 2 • Ingeniería • ¿Cómo podemos cuidar los recursos naturales? **269**

Paso 3

Desentierra la lechuga, la servilleta y el vaso de poliestireno. Explica por qué la basura daña la tierra.

Paso 4

Dibuja una solución para reducir la cantidad de basura que se tira en el vertedero de basura.

Haz una afirmación.   ¿Qué evidencias tienes?

Un paso más

Aprende más en línea.
Reutilizar de un modo diferente

Profesiones de las ciencias y la ingeniería •
Operario en un centro de reciclaje

Aprende en línea.

Primero, el operario carga la basura. La basura se clasifica. Luego se la empaqueta en cubos.

Traza una línea debajo de la imagen que muestre el primer paso del reciclaje.

Lección 2 • Ingeniería • ¿Cómo podemos cuidar los recursos naturales? **271**

Dibuja

Se puede reciclar la mayor parte del plástico, el vidrio y el papel. Dibuja algo hecho de plástico. Dibuja algo hecho de vidrio. Dibuja algo hecho de papel.

Nombre _____

Revisión de la lección

Se tiraba demasiada basura. ¿Cómo ayudaron los niños?

Aprende en línea.

¿Puedes resolverlo?

....

Encierra en un círculo las maneras en que los niños redujeron la cantidad de basura que se tiraba.

Lección 2 • Ingeniería • ¿Cómo podemos cuidar los recursos naturales?   273

Autorrevisión

1

2

• Encierra en un círculo las imágenes de la niña cuidando los recursos naturales. ▲ Encierra en un círculo las imágenes de las cosas que se pueden reciclar para cuidar los recursos naturales.

274

3

4

■ Encierra en un círculo la imagen de una persona que cuida los recursos naturales. ✦ Traza una línea desde el recurso natural hasta una manera en que se usa.

Lección 2 • Ingeniería • ¿Cómo podemos cuidar los recursos naturales? **275**

Unidad 6: Tarea del rendimiento
Los recursos naturales como sistema

Materiales
- marcador
- tierra
- agua
- tres plantas pequeñas del mismo tipo
- tres vasos de plástico

PASOS

Paso 1
Numera los vasos 1, 2 y 3.

Paso 2
Pon tierra en los vasos 1 y 2.
No coloques tierra en el vaso 3.

Paso 3
Pon una planta en cada vaso.
Pon los vasos al sol.

Paso 4

Riega el vaso 1 cada dos días durante dos semanas.

Paso 5

Observa y describe. ¿Por qué los recursos naturales forman parte de un sistema?

✔ **Comprueba**

_____ Puse tierra en dos vasos.

_____ Puse plantas en tres vasos.

_____ Regué la planta del vaso 1 cada dos días durante dos semanas.

_____ Observé las plantas. Luego expliqué por qué los recursos naturales forman parte de un sistema.

Unidad 6: Repaso

Nombre _____

1

2

3

● Marca con una X los recursos naturales que se ven en la imagen.

▲ ¿Qué imagen muestra una manera en que las personas usan el suelo como recurso natural? Encierra en un círculo la imagen correcta.

■ ¿En qué imágenes hay un niño usando el aire como recurso natural? Encierra en un círculo las imágenes correctas.

278

4

5

6

⭐ ¿En qué imágenes se usa el agua como recurso natural? Encierra en un círculo las imágenes correctas.

🟠 ¿Qué cosas se pueden reciclar? Encierra en un círculo las imágenes correctas.

🔺 Traza una línea desde la imagen de la contaminación hasta la imagen que muestra su causa.

Unidad 6 • Los recursos de la Tierra

7

8

■ ¿En qué imágenes ves evidencias de una manera en que podemos reducir el uso de un recurso natural? Encierra en un círculo las imágenes correctas.

★ ¿Qué imagen muestra una forma de reutilizar una lata? Encierra en un círculo las imágenes correctas.

Glosario interactivo

Con este glosario interactivo, aprenderás cómo se escribe y cómo se define un término de vocabulario. En el glosario encontrarás el significado de cada término. También encontrarás una imagen que servirá de ayuda para entender mejor qué significa el término.

En el recuadro donde aparece ✏️, escribe algunas palabras o haz un dibujo que te sirva para recordar el significado del término.

bosque
Lugar donde hay muchos árboles.
(pág. 110)

calor
Hace las cosas más calientes. (pág. 150)

Glosario interactivo

componentes no vivos
Cosas que no tienen vida. (pág. 76)

desierto
Lugar seco. (pág. 108)

dirección
El recorrido que hace un objeto que se mueve. (pág. 47)

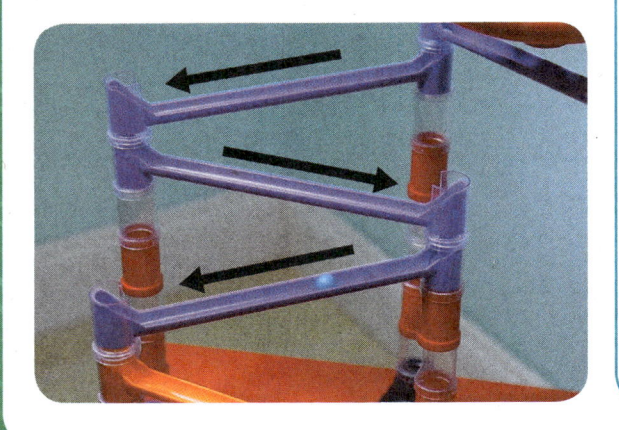

estación

Época del año en la que el estado del tiempo tiene características determinadas. (pág. 186)

fuerza

Empujón o tirón que puede hacer que un objeto en reposo se mueva o que uno en movimiento deje de moverse. (pág. 56)

ingeniera

Alguien que usa las matemáticas y las ciencias para resolver problemas. (pág. 11)

Glosario interactivo

laguna
Una masa pequeña de agua dulce. (pág. 114)

luz
Lo que nos permite ver. (pág. 148)

mal tiempo
Tiempo muy tormentoso. (pág. 210)

medio ambiente

Todos los seres vivos y los componentes no vivos que hay en un lugar. (pág. 124)

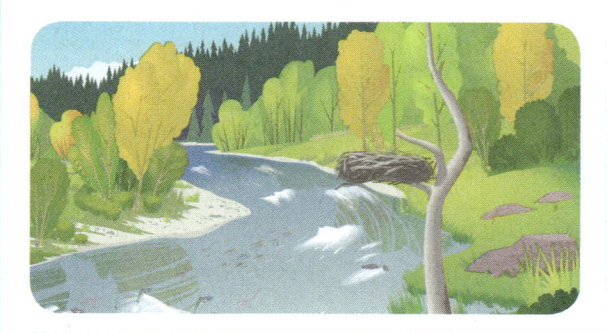

modelo

Algo que muestra cómo es un objeto y cómo funciona. (pág. 20)

movimiento

Acción de moverse. (pág. 42)

R5

Glosario interactivo

océano

Una masa muy grande de agua salada. (pág. 116)

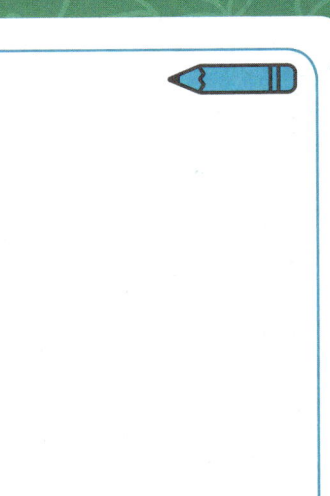

patrón en el tiempo

Cambio en el tiempo que se repite. (pág. 181)

Lunes	Martes	Miércoles	Jueves	Viernes

problema
Algo que se debe arreglar o mejorar. (pág. 6)

proceso de diseño
Conjunto de cinco pasos que siguen los ingenieros para resolver problemas. (pág. 20)

pronóstico del tiempo
Predicción acerca de cómo estará el tiempo. (pág. 226)

Glosario interactivo

reciclar
Cambiar algo para convertirlo en algo nuevo. (pág. 268)

recurso natural
Las cosas de la naturaleza que usamos. (pág. 248)

reducir
Usar menos de algo. (pág. 266)

refugio
Lugar donde vivir. (pág. 94)

reutilizar
Volver a usar algo. (pág. 268)

seres vivos
Seres que tienen vida. Necesitan aire, alimento, agua y un lugar donde vivir. (pág. 76)

Glosario interactivo

solución

Algo que sirve para solucionar un problema. (pág. 7)

sombra

Área oscura que se forma cuando se bloquea la luz del sol. (pág. 160)

tecnología

Lo que crean y usan los ingenieros para resolver problemas. (pág. 12)

temperatura

Cuánto calor o frío tiene algo.
(pág. 196)

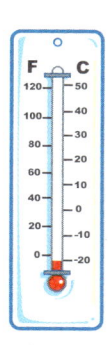

velocidad

Cuán rápido o lento se mueve algo.
(pág. 44)

R11